Franceses no Brasil

Franceses no Brasil

Cartas e relatos, 1817-1828

Jacques Arago, Jean-Baptiste Douville e Victor Jacquemont

Jean Marcel Carvalho França (ORG.)

Ch
ão

CHÃO EDITORA
EDITORA Marta Garcia
EDITOR-EXECUTIVO Carlos A. Inada

INDICAÇÃO EDITORIAL E TRADUÇÃO Jean Marcel Carvalho França
CAPA, PROJETO GRÁFICO E DIAGRAMAÇÃO Mayumi Okuyama
PREPARAÇÃO Márcia Copola
REVISÃO Isabel Cury e Cláudia Cantarin
PESQUISA ICONOGRÁFICA Jean Marcel Carvalho França e Erica Fujito
TRATAMENTO DE IMAGENS E PRODUÇÃO GRÁFICA Jorge Bastos

DADOS INTERNACIONAIS DE CATALOGAÇÃO NA PUBLICAÇÃO (CIP)
(CÂMARA BRASILEIRA DO LIVRO, SP, BRASIL)

Franceses no Brasil : cartas e relatos, 1817-1828 :
Jacques Arago, Jean-Baptiste Douville e Victor Jacquemont /
Jean Marcel Carvalho França (org.) ; tradução Jean Marcel
Carvalho França. — São Paulo : Chão Editora, 2021.

Bibliografia
ISBN 978-65-990122-7-3

1. Arago, Jacques, 1790-1855 2. Brasil – História 3. Cartas
4. Douville, Jean-Baptiste, 1794-1837 5. Franceses – Viagens – Brasil – Século 19 6. Jacquemont, Victor, 1801-1822 7. Relatos de viagens

21-80982 CDD-910.4

Índices para catálogo sistemático
1. Brasil : Franceses : Relatos de viagens 910.4
Maria Alice Ferreira – Bibliotecária – CRB-8/7964

Grafia atualizada segundo as regras do Acordo Ortográfico da Língua Portuguesa (1990), em vigor no Brasil desde 1.º de janeiro de 2009.

chão editora ltda.

Avenida Vieira de Carvalho, 40 — cj. 2
CEP 01210-010 — São Paulo — SP
Tel +55 11 3032-3726
editora@chaoeditora.com.br | www.chaoeditora.com.br

Sumário

Ao amigo Manolo Florentino

JACQUES ARAGO
(1817)

Vista da igreja de Nossa Senhora da Boa Viagem, Rio de Janeiro (1817)

CARTA XVII

[...] Eis que estou no Brasil, a 2 mil léguas da minha terra natal! Esse foi o meu primeiro pensamento ao acordar. Viúvo do meu país, o coração mergulhado em tristeza, desesperei...; todavia, um sorriso de satisfação brotou em meus lábios; meu coração floresceu; a lembrança da minha terra natal se perdeu em meio à visão dos muitos lugares que visitara.

Uma cidade com um aspecto encantador, um vasto porto e, abaixo de uma densa floresta, a atividade de uma urbe mercantil; o canto selvagem dos negros que conduzem os barcos, cenas de pesca, brigas entre barqueiros, uma língua desconhecida, novos frutos para mim: admirei tudo, apreciei tudo.

Após mais de três meses de uma navegação cansativa, a visão da terra traz alegria à alma do navegador; se até uma rocha árida, à primeira vista, parece-lhe um lugar aprazível, imagine que doces prazeres ele não experimenta quando seus olhos descansam sobre campos acolhedores, que lembram grandes tapetes verdes, e sobre montanhas elevadas, coroadas por grandes florestas, cobertas com uma vegetação de mil cores! Depois de perder de vista o rochedo nu de Gibraltar, meus olhos somente conseguiram se desprender do espetáculo angustiante do deserto da África quando deparei com as montanhas negras, sulcadas e vulcânicas de Tenerife. Portanto, não encontrarei o solo da França em lugar nenhum; gritei de tristeza... e senti uma lágrima umedecer os meus olhos.

Ah! quão belo me pareceu então esse país, para onde a minha imaginação e os meus desejos me levavam incessantemente! E isso em razão não somente da ausência prolongada de terra, mas também do contraste de sua riqueza com a pobreza dos lugares que visitara. Ainda hoje, que desfruto da visão de um país rico em bênçãos de uma natureza muito pródiga, coro com a emoção que sinto, meu coração atravessa distâncias, e agradeço por tudo isso que me rodeia, os vales dos Pireneus, meus pais e os amigos da minha infância.

CARTA XVIII

A natureza nada recusou ao Brasil do necessário para a vida do homem e deu-lhe abundantemente tudo o que pode satisfazer seus gostos e agradar sua vaidade. As terras do país produzem em abundância excelentes frutos, dentre os quais o figo, a laranja, o abacaxi e a manga são os mais apreciados. As suas montanhas escondem diamantes e outras pedras preciosas; seus mares são piscosos e não estão sujeitos às tempestades que assolam as Antilhas, Bourbon, a Ilha de França e quase todas as colônias francesas; seus rios cristalinos correm levando a fertilidade a vales de mil cores e mil produções úteis; seu clima, ainda que quente, é temperado por chuvas frequentes, as quais, ao refrescarem o ar, previnem doenças epidêmicas, conferem ao verde um tom mais brilhante, alimentam as nascentes, tornam as águas salubres e dão mais força ao homem que, sob os trópicos, precisa de todos esses benefícios, de toda essa variedade, para sobreviver aos ardores de um sol abrasador.

A cidade do Rio de Janeiro, outrora denominada São Sebastião do Rio de Janeiro, é a capital da província homônima e, atualmente, a sede do governo do reino e lugar de moradia do rei de Portugal. O porto foi descoberto em 1593, por Dias Solis, 93 anos após o descobrimento do Brasil por Álvares Cabral, português como Dias. A cidade está a 45° 38' de longitude O; e, segundo me informaram, 22° 54' de latitude S.

Coube à nação portuguesa, hoje tão distante do seu antigo esplendor de outrora, a maioria das mais ousadas descobertas, no entanto nomes como o de Dias, Cabral, Vasco da Gama e tantos outros são ignorados pela maioria dos brasileiros, e aqueles que os conhecem, a eles se referem ou com desdém ou com escárnio. Quão pequena é, aos meus olhos, a nação que não se orgulha de ter dado à luz tais homens! Pretendo avaliar os portugueses somente pelo que verei no Rio de Janeiro; e a nação sairá ganhando. Juntamente com o rei, a elite da nobreza de Portugal abandonou Lisboa em vez de se defender; ora, num país onde todos gostam de exaltar as suas façanhas e arrojos, esses filhos dos lusitanos deixaram de lado a sua vergonha e confessaram as suas derrotas.

Desprovido de dinheiro e sem recomendações, ser-me-á permitido ver o que é chamado de sociedade? O fato de ser francês contribuirá para despertar a afeição dos habitantes deste país? Teremos sido perdoados pelos antigos sucessos da França ou tais sucessos foram já esquecidos? Descobriremos em breve. Dirigi-me ao cônsul francês, sr. Maller; um conterrâneo, dizem...; eu não acredito nisso. O cônsul francês é coronel, sem regimento, do exército de d. João VI — um homem inteiramente português. Batamos em outras portas e conheçamos os negociantes franceses. Alguns são ricos, estimados e generosos. Receberam-nos cordialmente; vimos somente franceses em suas casas, não encontramos um português sequer. É o medo, o respeito, a rivalidade que os mantêm distantes? Não, é o orgulho... É inacreditável onde o diabo do orgulho é capaz de fazer ninho! Em meio a montes de ouro e pedras preciosas.

Passemos às modistas francesas. Essas damas são um pouco menos francesas; em suas casas, de fato, encontramos apenas brasileiros; mas será que podemos chamar esse pequeno círculo de *sociedade*? De modo algum; os brasileiros têm ouro e diamantes, e sabemos que as nossas modistas amam diamantes e ouro. É necessário adicionar aqui um pouco de compreensão: as damas cariocas devem a elegância de seu trajar às nossas modistas, não sei por que causaria escândalo ver então mulheres francesas recebendo alguns presentes em troca de sua indústria. O número delas, no entanto, multiplica-se com uma rapidez assustadora, e é de temer que seus negócios entrem em conflito e umas prejudiquem as outras. As mais espertas, quero dizer, as mais habilidosas, já abandonaram suas lojas e voltaram para a França, onde ostentam, aos olhos de seus compatriotas deslumbrados, as riquezas que souberam angariar. Mas que aquelas que ardem de desejo de seguir o mesmo caminho pensem muito bem antes de empreender tão longa viagem: os brasileiros perderam o entusiasmo e, à dor de serem desprezadas, poderá se juntar a não menos intensa amargura de verem se desfazer o sonho encantado que alimentaram durante a difícil travessia.

Logo que se desembarca num país interessante, queremos ver tudo, queremos saber tudo. Admirei, à distância, um magnífico aqueduto que coroa a cidade e o porto, e é dominado pelo Corcovado, uma montanha de uma aparência pitoresca, que abriga mil tesouros de natureza curativa. Pedi a um português que me ensinasse o caminho até lá, e ele gentilmente se ofereceu para conduzir-me até o convento de Santa Teresa, onde iria visitar sua irmã.

Aceitei com prazer. O português falava um francês muito claro e ensinou-me o nome das ruas e dos principais edifícios que as adornavam. Ensinou-me também sobre as personagens famosas que iam passando por nós e com quem ele parecia estar familiarizado. *Eis um de seus compatriotas*, disse o meu anfitrião perto do Rocio. *Ele parece estar infeliz!* Ah, senhor, é porque ele é francês, respondi. *Mas há alguns muito ricos. Este é membro do Instituto; e a ciência não faz fortuna no Rio de Janeiro. Olhe outro parisiense*, acrescentou, apontando para um jovem elegante que dirigia um cabriolé muito bonito. *Este é rico*. Então ele não é sábio? *Claro que não, senhor, ele é o cabeleireiro da corte*. Isso enriquece? *Logo se vê; ele tem uma esposa muito bonita*.

Tínhamos alcançado o convento de Santa Teresa. Em vão, o pintor ou o historiador tentaria dar uma ideia da vista que desfrutamos dessa elevação religiosa. A arte mais sedutora, o talento mais apurado não conseguiriam fazer justiça a tamanha beleza. Abaixo, montes de laranjeiras adornadas com seus frutos dourados; à direita, o Pão de Açúcar, um pico rochoso nu, que parece indicar ao navegador o lugar onde pode relaxar de suas fadigas; os navios vêm de todas as direções, cruzando este mar imenso que nunca guarda vestígios de seus triunfadores; à frente, do outro lado da baía, um mosteiro dedicado a Nossa Senhora da Boa Viagem, situado na mesma colina onde a morte começou, durante a gloriosa expedição de Duguay-Trouin;[1] mais adiante, montanhas cobertas de vistosa vegetação, cujo contorno é suave e levemente ondulado, admiravelmente contrastante com a serra dos Órgãos, picos pontiagudos e irregulares que parecem lá colocados como uma barreira que a natureza criou contra devastações do oceano;

uma cidade cortada por colinas, onde se elevam pequenos edifícios brancos de uma arquitetura peculiar; um número considerável de ilhas espalhadas pela baía para servir de abrigo às embarcações ameaçadas pelas tempestades; uma imensa floresta de mastros e pavilhões de todas as cores em constante movimento...; enquanto isso, a dois passos de você, silêncio e descanso...; era impossível desviar meus olhos e espírito de tão maravilhoso quadro. O guia que me acompanhava havia partido e quase não dei por isso.

Afastei-me com pesar desse magnífico panorama e pus-me a seguir o aqueduto. Quando alcancei a cachoeira pitoresca que o alimenta, olhei para trás e perguntei-me se não estava diante de uma obra da era romana e se realmente era a terra do Brasil que tinha abaixo dos meus pés. O notável monumento é composto de duas fileiras de arcos, um acima do outro, perfazendo 42 na parte superior. As arcadas servem de comunicação entre duas colinas, e se juntam a uma construção mais baixa, guarnecida de bueiros para ventilar a água, que se estende mais de uma légua e meia do flanco da serra ao pé do Corcovado. O calor era sufocante e, embora estivesse ao pé de uma cachoeira agradável e sob a folhagem acolhedora de uma *Bertholletia* (castanha-do-brasil), não ousei me entregar ao repouso, com medo dos muitos répteis que me rodeavam. Peguei, então, o caminho de volta, que me conduziu a uma pequena casa, pintada de verde e circundada por uma treliça, situada numa elevação de onde a paisagem prometia ser maravilhosa. Depois de ter chamado em vão pelos escravos que supunha estarem nas imediações da cabana, entrei no lugar. Que surpresa! O primeiro objeto com que deparei foi um retrato em tamanho natural e bem executado de um general francês; seu peito estava adornado com condecorações de diferentes ordens; em sua mão estava uma carta; sobre uma mesa, o plano de uma batalha numa cidade portuária; o olhar era severo e a fisionomia, marcante.

Enquanto refletia sobre a singularidade da minha situação, senti baterem levemente no meu ombro. Um velho, acabrunhado pelo cansaço e apoiado numa pá, perguntou em francês quem eu era e o que desejava. Expliquei que o acaso me guiara até ali e perguntei o nome da personagem representada na tela. *Este homem*, disse-me o velho, *era um general francês, ajudante de campo de Napoleão, governador dos dois hemisférios. Cercado de honras, dignidade, consideração, ele tudo perdeu. Fugiu, então, do ódio dos homens, do tumulto das cidades e das intrigas dos tribunais; veio para cá morrer, longe de tudo o que o prendeu à terra; suas mãos não levam mais uma espada; o seu peito está privado de honrarias; as dores de suas cicatrizes são as únicas lembranças de seus sucessos e glórias. O guerreiro que vê nesta tela, hoje não passa de um lavrador e carvoeiro: é o general Hogendorp,*[2] *sou eu...* Apertei involuntariamente a mão do ancião e o conduzi até a sua poltrona.

O exílio muda os homens! Tive dificuldade para acreditar que aquele nobre veterano estava diante de mim; o seu semblante, que observava havia um quarto de hora, mostrava-se abatido, descarnado; dava mostras de que sofria!

O senhor parece fatigado, disse-me o veterano pouco antes de eu partir, *não quer experimentar um copo do meu sofrível vinho de laranja? Gostaria de oferecer-lhe pão, mas o general francês não tem pão hoje*, arrematou. Meu coração estava apertado; saí rapidamente.

Ainda hoje ignoro por qual razão o general deixou a França e fixou residência no Brasil. O que sei é que ele foi poderoso, rico e estimado, e agora é pobre, isolado e bondoso. Lamentei deixá-lo, mas prometi que retornaria outras vezes, pois foi muito agradável conversar com o general sobre a nossa pátria, que também é a dele.

CARTA XIX

Frequentei algumas casas ricas e convenci-me de que não é nelas que vou conseguir estudar os costumes do Brasil. Jamais ocorre uma discussão, todos parecem de acordo; pode-se até dizer que um mesmo espírito move todos aqueles homens. Nunca vi nada mais monótono, mais soporífico, do que os dois grupos com quem passei a *soirée* ontem e hoje. Quase todos falavam francês, mas sou incapaz de dizer sobre o que conversaram. Uma frase insignificante era interrompida por outra frase ainda mais insignificante; e os seus rostos rígidos, imóveis e silenciosos só expressavam algum sentimento quando os olhos davam com um macaco que estava acorrentado na porta da sala.

Em casa de um dos diretores do banco, por quem tive a honra de ser convidado para jantar, encontrei um pouco mais de vida. Falava-se aí da Europa, dos prazeres que ofereciam aos estrangeiros Londres, Viena e Paris — coisas que ao menos mantêm os presentes acordados. É difícil, no entanto, conceber que, em meio a tantas pessoas reunidas, não se escute uma única palavra sobre política. Os generais falam de suas conquistas..., de mulheres; os banqueiros, de passeios a cavalo; as senhoras, de joias e diamantes; os capelães, de procissões; os cônsules não dizem nada. Exagero! Um jovem português, que falava perfeitamente o francês, e que me pareceu, em sua conversação, digno da deferência que tinham por ele, respondeu a minhas perguntas somente com olhares, os quais interpretei de forma completamente equivocada. Depois do jantar, o jovem aproximou-se de mim e explicou-me o real significado dos seus sinais.

Por aqui, disse-me ele, *é tão estranho falar de política quanto é estranho não falar lá na sua terra. Julgamos que somos tão insignificantes em relação ao poder, que nem sequer receberemos atenção*. Tentei refutar os seus argumentos e exaltar, diante dele, a sua nação. O jovem sorriu e respondeu-me arrolando alguns detalhes das várias catástrofes que o trouxeram ao Brasil com a flor da nobreza portuguesa.

Não julgue, pois, continuou ele, *o amor que se tem ao soberano pelo número de súditos que o acompanhou até aqui — ainda que as virtudes do rei justifiquem o empenho. Uns vieram atraídos pela esperança de obter novos favores; outros para não perderem os favores que já tinham obtido; outros, ainda, por medo ou por espírito de desordem; somente um pequeno número embarcou por amor à causa real. Pessoas estranhas às facções que perturbam os impérios só desembarcam no Rio de Janeiro impulsionadas por alguma fatalidade que as persegue constantemente...*, o jovem português suspirou, guardou um instante de silêncio, e continuou a expor as ideias tristes que o atormentavam.

Senhor, não pense que pode julgar o caráter de nossa nação no curto espaço de tempo que ficará no Rio de Janeiro. O estudo aprofundado dos usos e costumes de um país requer muitos anos. O que o senhor terá, em tão pouco tempo, são somente umas características gerais. Uma nação, abalada como é a nossa por anos de infortúnio, pode perder seu caráter primitivo; e quando abro os anais da pátria, encontro nos nossos ancestrais infinitamente mais virtudes e, especialmente, muito menos vícios do que nos meus contemporâneos. De onde veio tamanha decadência?... Da ignorância e do orgulho. "O século das belas-artes é também o da conquista", dizem vocês, franceses. Tem-se razão quanto a isso na França, um país vitorioso. Ao povo vencido restam somente a vergonha e a estupidez.

Julgar o povo pelos grandes homens seria tão insensato quanto julgar os grandes homens pelo povo. Todos os grandes aqui são máquinas que se movem mediante um olhar, um gesto do seu soberano. Estes homens poderosos que se encontram reunidos nesta sala, acredite, são animados pelo mesmo espírito... O quanto ocultam em seus corações! Quantos segredos guardam aí! Quantos projetos ambiciosos nutrem! Vê aquele general que aperta com afeto a mão do seu vizinho; amanhã, na corte, um poderá se transformar no pior inimigo do outro. Testemunhamos, há pouco, mostras da amizade e concordância que reinam entre dois homens com caminhos cruzados; soube, de fonte segura, que, vítima um do outro, ambos perderam ontem os lugares lucrativos e honrosos que ocupavam. Tudo está, pois, calmo e tranquilo por fora, mas tempestades contínuas abalam o interior desses homens. Que pareçam felizes uns no meio dos outros! Homens dignos de pena, isolados e reduzidos a si próprios!

Eu entendo, disse eu ao rapaz, por que todos esses personagens encenam quando frequentam a corte do Brasil, já que encenam igualmente aqueles que frequentam as cortes da Inglaterra, da França e da Rússia; o que me parece estranho é que encenem aqui, neste salão, longe dos olhares do soberano. *Ah, senhor*, interveio o rapaz, *não há uma única frase dita hoje neste círculo que não será relatada amanhã em São Cristóvão de vinte maneiras diferentes. O rei não ignora a menor das ações dos que se encontram ao seu redor, que não ignore também o número de velas que decoram uma determinada igreja num dia de solenidade. Se as pessoas soubessem o quanto se gasta para manter uma corte; se suspeitassem quantos sacrifícios e cuidados são necessários para aprender a alterar a própria aparência, a adaptá-la, por assim dizer, aos sentimentos daqueles a quem se admira, sem dúvida não invejariam as marcas distintivas que tanto admiram; frivolidades nunca são o resultado da bravura ou da dedicação. Entre vocês, franceses, é quase sempre por suas qualidades que se designa alguém cujo nome não lembramos; entre nós, é por seus títulos. Diremos em Paris: você conhece aquele jovem impetuoso, alegre, corajoso, generoso; aqui no Rio, essa linguagem não seria compreendida. Devemos sempre designar a hora, o dia e a casa onde alguém foi generoso, feliz, arrogante ou alegre, já que tais sentimentos, ou melhor, já que as máscaras de tais sentimentos são vestidas ou despidas segundo a conveniência de quem as usa.*

Em parte alguma, veremos tanto ódio, tantas manobras sórdidas, tantas calúnias covardes. Um homem afirma: gosto do soberano. Todos acreditarão até que o declarante conspire contra o Estado. Note: o rei não é odiado, geralmente ele é amado (e qual é o soberano que merece mais o amor de seus súditos!); mas podemos denominar amor ao príncipe o sentimento de apatia quase geral que todos os seus súditos têm pelos eventos políticos que o atormentam, que o incomodam? É de fato amar um soberano compartilhar aparentemente dos seus infortúnios, sem tentar compreender os eventos que os causaram? Posso parecer-lhe um inimigo do meu país, disse-me concluindo o simpático português, *contudo, o senhor se engana. As tristezas azedaram meu caráter, é certo; desde que superei o medo e passei a desprezar os favores, não posso mais ocultar a verdade.*

Agradeci pelas informações e saí no exato momento em que o tema que tomava conta da conversação era uma festa que em breve seria oferecida pelo visconde de ..., festa numa igreja onde seriam queimados 6 mil francos em velas e 10 mil francos em foguetes. Quanto mais se gasta em tais cerimônias, mais se é bem visto na corte.

CARTA XX

Nenhuma nação é tão escrava dos prazeres quanto a nação portuguesa — refiro-me somente aos portugueses que encontrei aqui no Brasil. Nenhuma nação é menos apta para produzir gente honrada e útil. Ao ver um cidadão deitado em sua rede ou sentado em seu sofá, entretido, contando os pedaços de madeira do teto ou mirando os desenhos mais insignificantes das suas tapeçarias, esteja certo de que ele está se divertindo. Encontrei um desses tipos no Passeio Público outro dia, que me disse: *Estou morto, não aguento mais; faz um quarto de hora que caminho; só encontrarei a saída amanhã.*

Há aqui uma Virgem que se chama Nossa Senhora dos Prazeres; seu templo é o Brasil; seu santuário, o coração dos habitantes locais. Os portugueses não degenerados a chamam de Virgem do Repouso.

Nenhum lugar, nenhum passeio é frequentado; aqui se busca a solidão do mesmo modo que na França buscamos a sociedade. Antes do desembarque da corte no Rio de Janeiro, os brasileiros se reuniam no Passeio Público; aí, quase todas as tardes, ao som dos instrumentos do país, se entregavam a jogos e danças que, dando aos jovens mais afabilidade e simpatia, estimulavam a sua emulação e comunicavam-lhes uma centelha de gênio. Infelizmente, a superioridade no adorno quase nunca é perdoada entre as mulheres, de qualquer nação que sejam. As brasileiras estavam cobertas de diamantes, as portuguesas ficaram deslumbradas e escandalizadas; daí o ciúme, a discórdia; daí a aniquilação de toda a vida em sociedade; cada um jaz em sua casa, e chamam isso de *viver*.

Poucos têm ideia aqui do que é um baile público; na corte dançam apenas danças de personagens, executadas por contratados — que são difíceis de serem encontrados e cobram muito caro. Há na cidade dois dançarinos franceses muito medíocres; as pessoas, no entanto, vão aos espetáculos somente para vê-los e aplaudi-los. Um dia perguntei a alguém: O príncipe real, que tanto aprecia os prazeres da Europa, não tem meios de os conseguir? *Perdão, senhor,* respondeu-me o interrogado, *sua imensa fortuna é bem gasta. O príncipe mantém equipagens; gosta de caçar, de diversões barulhentas, de festivais militares; cuida com zelo e talento dos negócios de seu gabinete; anda a cavalo — não para correr, mas pela inquietação, por uma questão de utilidade — e parece, por sua vida agitada e laboriosa, insultar a apatia daqueles que o rodeiam. O príncipe está determinado a desempenhar um grande papel. Observou sua esposa? O que você acha?* Acho que as mulheres brasileiras que têm a honra de se aproximar dela devem corar por se sentirem tão ignorantes. Quase nenhuma das artes recreativas lhe é estranha, e há poucas pessoas na Europa que se ocupam com igual sucesso da botânica, da entomologia, da mineralogia e de todos os ramos da história natural. *Pois bem*, prosseguiu o meu interlocutor, *esses exemplos não se perderão em meu país; o dia pode não estar longe em que haverá orgulho em se dizer brasileiro; e este desejo é acalentado por mais de um coração nobre.*

CARTA XXI

O policiamento do Rio é bastante rigoroso, mas, ainda assim, os crimes são muito frequentes. Por que disso? Ora, porque, por todo lado, preferimos punir um delito a evitar que ele ocorra. Os agentes desta polícia infernal são recebidos em todos os lugares e celebrados em todos os lugares; o seu papel é oprimir, não reprimir; saem para capturar negros como saímos para caçar lobos. Juntamente com outras forças policiais, organizados militarmente e denominados *guardas do rei*, os agentes se excitam uns aos outros com a crueldade que praticam; não há um único dia em que algum infeliz não perca um membro para o barbarismo desses carrascos. Todos gostam de relatar suas façanhas com uma alegria bestial, e têm muito ciúme das façanhas alheias, que tentam sempre superar. Talvez não seja equivocado atribuir a tais práticas grande parte dos assassinatos que são cometidos aqui e cujos assassinos são procurados em vão.

A aparência do Rio de Janeiro é muito agradável; poucas cidades na Europa podem competir com ela em regularidade. Creio que é maior que Lyon; e como é cortada por pequenas colinas, coberta por bosques e jardins, a uniformidade das casas não cansa os olhos. Quase todas as ruas são dispostas em linha reta, e algumas são incrivelmente bonitas; as denominadas Direita, Alfândega, Ourives e Ouvidor competem em riqueza, principalmente as duas últimas. Todos os modistas franceses têm aí as suas elegantes lojas — e são as mais frequentadas.

As casas, ainda que geralmente de um andar, têm uma aparência simpática, graças às sacadas que as decoram. A distribuição interior é sem gosto e os cômodos são tristes e escuros, lembrando muito os nossos castelos góticos. Ao longo de toda a fachada há janelas, janelas muito úteis para promover intrigas amorosas — isso se o amor de vez em quando visita o Rio de Janeiro.

Estava terminando de ler o abade Raynal[3] quando desembarquei no Brasil. Acreditei que teria então início uma estadia de prazeres. Ledo engano! Nosso filósofo, depois de falar da graça e da amabilidade das mulheres brasileiras, afirma em tom sisudo, do conforto de seu gabinete, que essas damas costumam, à noite, jogar flores sobre os europeus que passam debaixo de suas janelas. Os tempos, infelizmente, mudaram muito; não é mais de rosas que as ruas hoje estão cheias.

Encontramos aqui todas as amenidades que surgem numa cidade que está começando a melhorar, e todas as desvantagens decorrentes de uma cidade que está crescendo e saindo de sua infância. Os edifícios dignos de nota são muito raros. A bem da verdade, o convento dos beneditinos é o único que se destaca. Mostraram-me o palácio real, procurei novamente e não o encontrei, pois pode ser comparado à maioria das casas burguesas da rua Saint-Honoré.

As igrejas não têm nenhum atrativo externo, exceto Nossa Senhora da Candelária, cuja fachada é rica e majestosa. A cidade espalha-se por sete freguesias; a capela real, dedicada a são Sebastião e servida por cônegos, é de uma riqueza surpreendente. É aí que se pode realmente apreciar o gosto da nação; e a julgar pelo entusiasmo com que todos os portugueses se referem a essa capela, podemos facilmente concluir que é o *nec plus ultra* do seu gênio criativo. Um camarote amplo e elegante, aberto no coro do edifício, é destinado ao rei e aos membros da família real; é também aí que, nos dias de festa, o povo do Rio de Janeiro e os estrangeiros vão ouvir os sons flautados dos *castrati* italianos, que atuam como músicos da capela real — e são generosamente pagos por isso.

Grande parte das ruas não é pavimentada, e as que o são têm um pavimento tão ruim que seria melhor que não tivessem. Em dias de chuva, formam-se verdadeiros pântanos nos lugares públicos; e, sem saber quais ruas estão alagadas, é impossível escapar dos atoleiros que se espalham pela cidade. Os negros de ganho se postam então nas esquinas e, pelo módico valor de oito ou dez soldos, tomam a pessoa nos braços, braços encardidos de sujeira, e depositam-na do outro lado. Por vezes, fingem escorregar e a pessoa despenca no meio da água — e os negros, discretamente, riem-se do aperto em que a coitada se encontra.

Três ou quatro praças embelezam a cidade. A principal é a do Rocio, onde está localizada a sala de espetáculos que o rei mandou construir em 1805. No meio do largo, há um pelourinho muito elegante, encimado pelas armas reais, ao pé do qual somente os nobres têm o privilégio de serem decapitados. Os brasileiros dizem até que esse pelourinho enobrece; creio, porém, que poucos plebeus busquem tal distinção. Os outros lugares são o Campo de Santana, que não passa de um mercado de vacas e cavalos, e aquele em frente ao palácio real, digno em tudo da majestade do edifício.

CARTA XXII

Não estou surpreso de que os primeiros navegadores tenham tomado a baía do Rio pela embocadura de um rio; é enorme e pode conter todos os navios do mundo; além de ser pontilhada por um número considerável de ilhas, todas atraentes por sua aparência pitoresca ou pelo que oferecem à história natural. As ilhas dos Ratos, das Cobras, do Governador, tomam o nome dos diferentes animais que as habitam.

A entrada do porto é majestosa. O Pão de Açúcar, um gigante enorme que estreita essa entrada, contrasta admiravelmente, por sua nudez, com a exuberância das montanhas. O episódio do gigante Adamastor adaptar-se-ia bem aqui se este mar também provocasse tantos naufrágios quanto o do cabo da Boa Esperança.

Os fortes Laje, Santa Cruz, Villegagnon, defendem a entrada. Duguay-Trouin poderia hoje não ser tão feliz como antes, quando impôs à colônia um prejuízo de 27 milhões, em represália aos massacres promovidos pelos brasileiros quando da temerária tentativa de invasão da cidade pelo capitão Duclerc.

Ao norte do porto, numa depressão que forma uma pequena baía, há um lugar delicioso, de nome praia Grande; é um sítio de devaneio: limoeiros sombreiam as estradas que cercam os jardins que cobrem a planície. Um odor delicioso, trazido por um zéfiro refrescante, faz nascer ideias amorosas; a solidão do lugar é perturbada apenas pelo voo leve de uma enorme quantidade de borboletas — borboletas grandes, ricas em cores do arco-íris — e pelo cantar agudo e penetrante dos beija-flores que habitam os arbustos e que constroem lá a sua frágil morada. Mosquitos, um flagelo em todo o Brasil, não comprometem o encanto dessa deliciosa estadia. Pode-se aí, sobre um gramado sempre verde, entregar-se a um voluptuoso descanso, sem temer ser alcançado pelos venenosos e perigosos répteis que infestam outras partes da planície. É o que basta para esquecermos das tristezas passadas e desfrutarmos da felicidade do momento. As emoções são muito suaves para resistir. Aí, destituído de ambição, passaria meus dias em paz, se um amigo ou uma amante viesse trazer ainda mais encantos a tão doce repouso.

Certa vez, no final de um dia de inverno, quero dizer, quando o calor é menos intenso, produzindo menos tempestades, e permite deixar o negro infeliz descansar em seu leito, minhas pernas, ao cruzar esse lugar de deleite, levaram-me a um edifício antigo, chamado Nossa Senhora da Boa Viagem, habitado por um único eremita; ali, aos pés do modesto altar que decora e protege essa respeitável capela, fizemos votos pelos homens atormentados pela sede de riquezas e que sulcam os vastos mares para adquiri-las. Logo que o sol, pelos seus raios oblíquos, obrigou-nos a regressar à casa, passamos pelos mesmos lugares e, sem privar o infeliz escravo do gosto pelo trabalho, dei-lhe umas moedas, que serviram para reparar suas forças exauridas, o que me propiciou mais um prazer e ao infeliz, menos dor. Ah! meu amigo, que estadia encantadora!

É aos irmãos Taunay, há dois anos radicados no Rio de Janeiro, que devo o prazer de conhecer esse agradável passeio. Os irmãos sabem bem como representar a natureza numa tela, e não admira que nenhuma riqueza do Brasil tenha passado escondida aos seus olhos; um deles, mais familiarizado com a arte de Gresset,[4] pintou-a em versos vivos e variados. Hoje, o cinzel de um escultor famoso está ocioso e em mãos desencorajadas, e uma família inteira, amante das artes, que cultiva com tanto sucesso, vive ignorada, ou melhor, desprezada, num país meio selvagem, em que esperava encontrar protetores e deparou com humilhações.

CARTA XXIII

Venho da biblioteca e a primeira impressão foi satisfatória. Há ali cerca de 70 mil volumes, a maioria bem escolhidos, aproximadamente um terço deles em francês. Serei obrigado a mudar o meu primeiro julgamento sobre as colônias portuguesas? Vamos ver.

O diretor — o título está na moda aqui — é um homem bem-educado, tenho certeza; todavia, infelizmente, estava ausente, e o cicerone que me conduziu não era muito versado em literatura portuguesa, pois lhe perguntei em vão sobre outros poetas além de Camões, com os quais ele pareceu não ter familiaridade alguma. O anfitrião conduziu-me primeiro à sala onde estavam os historiadores e poetas franceses, e, apresentando-me um volume com grande entusiasmo, disse-me: *Aqui está um grande pensador, senhor; sem dúvida, um dos primeiros filósofos do seu país*. Era Raynal, e o elogio pareceu-me suspeito. Então, com um ar triunfante, apontou as *Obras completas de Voltaire*. Ora, ora, Voltaire aqui! *Por que não?*, retrucou de repente um leitor (havia dois na sala), *tal como na França*. A comparação não é justa, respondi; seria um verdadeiro absurdo ver proscritas da França as sublimes concepções de um gênio que faz a nossa glória. Espero que nunca ocorra tal sacrilégio. *Desejo isso para o seu povo, senhor; e desejo também para nós, que temos permissão para desfrutar das obras-primas de todas as nações, e isso não é errado.*

Aqui, na mesma estante e ao lado um do outro, Voltaire e Rousseau, separados pela vida e reunidos após a morte. Próximos deles Raynal e Pope, Lope de Vega e Corneille, La Fontaine e Píndaro, Crébillon e Shakespeare, Racine e Bourdaloue, Massillon e Bossuet.

O que importam os erros da maioria deles? O que fazemos hoje com suas rivalidades? Os grandes homens são de todos os países: vergonha para quem não sabe os apreciar ou os condena por espírito de intolerância. A sonolência não é a morte, senhor; e a nação portuguesa pode sair de sua letargia. Surpreso com o tom acalorado de quem conversava comigo, olhei para o papel que segurava na mão; ele adivinhou minha intenção e mostrou uma página de Rousseau que acabara de traduzir. *Esta é a lição dos meus dois filhos,* acrescentou; *traduzirão esta página e irão compreendê-la.*

Depois de examinar as lindas edições de nossas melhores tragédias e percorrer as salas de direito, de línguas modernas e de manuscritos (pouco interessantes), meu guia fez-me subir até um quarto ricamente decorado, onde estavam classificadas, com muita ordem, as mais proeminentes produções das várias nações da Europa. *Aqui*, disse-me ele, *é a sala de estudos do príncipe Miguel, o segundo filho do rei*. Ele vem com frequência, senhor? Veja, todos os livros estão fechados, e a maior parte ainda não foi sequer cortada. O que esse jovem príncipe saberá? *Que ele é filho de rei.* É muito pouco, retruquei. *Isso é suficiente, já muitos esqueceram.*

Deixei a biblioteca convencido da nossa grandeza e superioridade sobre diversos outros povos. Passei o resto do dia visitando edifícios públicos. Procurei pela Casa da Moeda, mas ninguém sabia me informar a localização. Finalmente, dirigi-me a um espanhol, que foi gentil o suficiente para me levar até lá. Fizeram bem em colocá-la num dos sítios mais desertos da cidade. O antro da fraude deve estar fora da vista de um povo que poderia querer participar dos abusos que aí se cometem. As piastras da Espanha, sem serem refundidas, são cunhadas com as armas de Portugal, e um balanço do pêndulo aumenta o seu valor em mais de dois francos. Aquele que usa de tal meio para ampliar a sua fortuna deve ser considerado um fabricante de dinheiro falso? Dizem que os ingleses procedem assim; dizem publicamente e com convicção... e os abusos continuam.

As máquinas engenhosas inventadas pelo sr. Gengembre[5] não são conhecidas no Rio de Janeiro. As utilizadas são pesadas e de pouca serventia. A vigilância pareceu-me inoperante. Deixemos esse lugar; respira-se aí ar infectado.

CARTA XXIV

A alfândega está localizada na rua mais bonita e movimentada do Rio de Janeiro, a rua Direita. Passava pelas imediações do estabelecimento, quando fui surpreendido por gritos e vociferações. Cerca de cem negros, entoando uma música de seu país, esperavam para serem contratados pelos passantes, sentados em pequenos carrinhos, os quais, em breve, seriam aproveitados; são negros escravos, que trabalham apenas para seus senhores. Quem são seus senhores? Funcionários da alfândega que não têm outra fonte de riqueza. A ninguém é autorizado utilizar, para o transporte de mercadorias, outros escravos a não ser esses pertencentes aos funcionários. É permitido aos escravos competirem entre si pelos pacotes; seus senhores os encorajam a isso publicamente e os punem cruelmente quando desobedecem. Logo que são contratados, ditam as regras e somos obrigados a nos submeter. É verdade que tais abusos não atingem as casas ricas; mas os pobres padecem com isso, pois não têm força suficiente ou meios para se livrarem da extorsão.

Quanto à administração desse lugar de chicanas, não entendi nada, exceto que os inspetores, do mesmo modo que na França, enriquecem rapidamente e, segundo me asseguraram, jamais por meios legítimos.

Estou pronto para aceitar o abuso; compensar-me-ei, à noite, indo a um espetáculo. Encenar-se-á *Zaïre* (1732), de Voltaire; uma comédia intitulada *O usurário*, uma farsa, um balé e duas ou três outras bagatelas do mesmo gênero...

O interior da sala de espetáculos, embora desprovido de adornos, é bonito, muito bonito. O exterior do prédio não corresponde de modo algum ao que se vê do lado de dentro. Devemos a sua construção a d. João VI, que mandou erguê-lo em 1812. Creio que é tão grande quanto a Ópera de Paris, mas sem galerias. Os camarotes estão todos ocupados por inúmeras senhoras cobertas por diamantes e coroadas com flores e pedrarias; estou encantado. A orquestra é grande; os prelúdios dos músicos indicam que alguns têm um certo talento. Uma tragédia de Voltaire, que luxo, uma montagem brilhante, tudo, até o inusitado, promete uma noitada agradável. Estarei equivocado?

Uma sinfonia de Haydn serve de abertura, sinfonia muito bem executada. A cortina sobe: o palco é imenso e a decoração muito bonita. *Zaïre* é uma peça pequena! O órgão é pessimamente executado! A sua confidente fala mal! Ambos interpretam mal! Parecem manequins movidos por fios.

Cerca de 22 penas de galo, de dez a doze cores, enfeitam um turbante que coroa uma cabeça envolta por um colarinho, que o peso de uma enorme aba e de um grande casaco não permite dobrar. Um cinto enriquecido com diamantes segura uma calça amarela, com estampas brancas, sobre a qual balançam, a critério do Sultão, duas belas correntes de relógio; sapatos verdes com grandes nós; meias de seda azul; uma espada, similar à que supomos ser a de Carlos Magno; luvas roxas, como um sinal de dignidade; um ar orgulhoso, a cabeça ereta, o pé delicadamente colocado à frente, olhando em cena sem encontrar a sua amante infeliz: eis Orosmane. Acreditei que todos, assim como eu, iriam rir às gargalhadas; mas meus risos foram sufocados pelos aplausos mais efusivos.

Orosmane é digno de Zaïre. O Sultão é muito apaixonado para querer brilhar às custas de sua amante; seus gestos não têm nem graça nem leveza. Eis três manequins em cena; Nérestan e Corasmin entram, já são quatro, cinco. Todos os personagens estão em cena, todos manequins. Lusignan fez-me derramar lágrimas... de piedade.

Certa vez, num de nossos teatros, numa apresentação de *Andrômaca* e de *Os defensores*, um simpático calouro disse: *A representação tocou-me; mas, ao cair do pano, os cachorrinhos estragaram tudo*. Creio que não direi isso após a representação de O *usurário*. Lá pelo meio de uma intriga insuportável, entendi que se tratava de uma mistura de tragédia, comédia, drama e farsa. Perguntei ao meu vizinho da direita quem era o autor. Disse-me que supunha ser uma tradução de Shakespeare. Poderia concluir o mesmo se conhecesse o autor inglês somente de reputação. Meu vizinho da esquerda assegurou-me de que era de um autor francês chamado Voltaire; um terceiro disse que era de um tal de Molière... Blasfêmia!

Estou desconfortável! Não importa; vou esperar pelo balé. É *Psiquê*! Eros é um francês, dançarino passável e gracioso; Psiquê, uma francesa um pouco rechonchuda, mas bonita e *sábia*. Quase todos os outros dançarinos são portugueses. Os dois zéfiros espanhóis são de fato zéfiros! O ar parece ser o seu elemento. Faltam duas penas nas asas do jovem, à jovem, uns três anos ainda, e Vênus é bem aborrecida. Quão feliz ficará o dançarino que irá detê-la em seu voo e fixá-la no solo!

Busco em vão o balé de *Psiquê*; é uma paródia daquele que vemos em Paris. O segundo ato ocorre na garganta de Cérbero, e os deuses dançavam aí como demônios.

Resolvi sair. *Espere um pouco mais*, disse-me um puxador de aplausos (existem alguns aqui); *espere pela farsa*. Obrigado, senhor; a farsa já foi encenada... De qualquer modo, não desperdicei a minha noite; vi dois zéfiros espanhóis e a elite das damas brasileiras... Havia duas mulheres bonitas nos camarotes.

Os nomes de Ésquilo, Sófocles e Eurípides estão inscritos na cortina do proscênio. Isso é tudo o que há de Ésquilo, Sófocles e Eurípides neste teatro.

CARTA XXV

Desde que João VI se estabeleceu no Brasil, foram criadas as cadeiras de física, de botânica e de fisiologia. Os professores recebem os salários e estão todos os dias em seus postos, mas não ensinam. Faltam-lhes não somente alunos; dizem que o abandono comprometeu seriamente a sua autoestima.

Os luso-brasileiros fazem a apologia da ignorância com o mesmo afinco que elogiamos o mérito; em razão disso, quando quiseram criar uma Academia de Ciências e Artes, tiveram que recorrer a outras nações; quase todos os membros são franceses! Mas pense, meu amigo, a culpa é da apatia da nação. Os membros da Academia foram encontrados; bons ou ruins, as escolhas foram feitas; todos recebem seus salários, e por mais de dois anos persiste este estado de coisas: não há uma única sessão e o local destinado a abrigar as reuniões não está nem pela metade. De quem é a culpa? Dos ministros do rei e também do sr. Lebreton, diretor da Academia.

O rei paga os membros de sua Academia, é seu dever; mas, por um homem ser membro da Academia, todo o seu tempo pertence ao rei? Isso é razoável? Produzo uma obra e o rei terá o direito de se apropriar dela pela simples razão de que me paga como membro de sua Academia? O quê? Jamais venderia minhas produções... Um artista pinta um quadro, o mesmo pertence *de direito* ao rei porque o pintor é membro de sua Academia? Mas o quadro vale dez vezes a pensão que o rei lhe dá. Isso pouco importa; se o quadro for deixado em seu poder, o pintor deve agradecer a generosidade do rei! Dou, pois, esse aviso aos artistas franceses que brigam por um lugar na Academia do Rio de Janeiro e querem vir enterrar os seus talentos a duas mil léguas de sua pátria.

Aqui não há uma única faculdade. Os ricos que querem dar a seus filhos alguma educação precisam mandá-los para a Universidade de Coimbra, em Portugal. Os demais aprendem somente a ler, quando aprendem. Quase todo pai de família mantém um *preceptor* para cuidar da educação de seus filhos. Cedo os meninos aprendem que não é necessário saber grande coisa; mais felizes são as meninas, que não aprendem nada!

O conde dos Arcos é esperado no Rio de Janeiro impacientemente pelas pessoas sensatas. Os monges reinaram desde que esse ministro ganhou algum poder. Devemos a ele parte da tranquilidade de que goza o país; e, em breve, dever-se-á ao conde um benefício não menos precioso para um reino: o gosto e o estudo das letras.

CARTA XXVI

Falei sobre os escravos negros[6] e não disse que o seu comércio ainda é permitido no Brasil. Há 120 mil almas no Rio de Janeiro; cinco sextos são escravos comprados. Aqueles que os vendem são traficantes de escravos. Cerca de cinquenta embarcações participam do comércio de negros. Vi arribar um negreiro; a memória daqueles infelizes amontoados uns sobre os outros, devorados por vermes, submetidos a todo tipo de enfermidades e privações, ainda parte o meu coração e o enche de indignação por um governo que trafica com a vida de tantos milhares de indivíduos, simplesmente porque sua cor difere da de seus súditos.

Por mais dolorosa que fosse a visita ao local onde são vendidos, venci minha repugnância; vendo-os, pude pelo menos derramar uma lágrima por sua desgraça. Num galpão úmido, sujo e insalubre, aberto por todos os lados, homens, mulheres, crianças e velhos nus amontoavam-se desordenadamente, expostos à mais terrível miséria, obrigados ora a cantar ora a guardar uma imobilidade quase absoluta, sob pena de receberem vinte açoites. Metem-lhes uma fita no pescoço, ensinam-lhes caretas e, por vezes, são queimados com ferro quente para enganar o comprador, que, vendo as cicatrizes, se convence de que os infelizes já foram contaminados pela varíola. Esperam meses a fio nesse lugar, até que seus destinos sejam decididos.

Um comprador entra; é um monge; o reconheço por sua expressão hipócrita. Ele olha ao redor e sai infeliz; vai para outro cômodo e resolvo segui-lo. Aqui estão muitas mulheres, umas ainda amamentam seus filhos. Ei! Infelizes! Estrangulai estes desgraçados: vamos fazê-los experimentar tormentos incalculáveis... O monge para, levanta uma jovem que vem trêmula, agita os braços, anda, corre, levanta a cabeça, mostra os dentes. *Quanto custa isto?* Seis quádruplos. *O pé é muito grande*. Mas vossa senhoria ficará satisfeito. *A perna é muito fina*. Sim, mas veja aqueles olhos, veja aquele andar, aqueles dentes, aqueles braços, aquele seio, veja... *Pago seis quádruplos; mas ontem um dos meus colegas comprou uma aqui que custou muito menos. O senhor a viu?* Certamente. Então... (disse algo no ouvido do monge) garanto que é verdade. *É diferente; tome os seus seis quádruplos*. Negócio arranjado, a jovem seguiu seu mestre, lançando um último e doloroso olhar para seus companheiros de infortúnio; ela vai mudar o seu modo de vida, mas não ousa esperar por um alívio nas suas dores.

A bem da verdade, não li nem maldade nem bondade no rosto do monge; ele apenas apreciava a sua nova escrava; uma europeia não teria adivinhado o significado da expressão. A infeliz negra não ousou olhar para ele; mas ela terá de se acostumar com a sua nova situação. A negra era muito bonita.

Há pelo menos vinte mercados de escravos na rua do Valongo; é a rua mais comercial da cidade. Em geral, esses escravos são tristes, taciturnos. Parece que há alguns que adoram as suas correntes. Os escravos são capturados nas costas da África. Os trazidos de Angola são marcados com um grande R no peito e, geralmente, são tatuados; eles pertencem ao governador. Os outros são comprados em Moçambique ou em Madagascar. Os moçambicanos têm os dentes incisivos serrados, que terminam em ponta. Os de Madagascar são tatuados e têm desenhos bem regulares e bem executados nos ombros e quase nas costas inteiras.

Os escravos são alimentados com farinha de mandioca e golpes de bastão; a dose deste é bem forte, daquela, nem tanto.

Ainda hoje se discute se os negros são homens ou bestas. Servimo-nos deles como se fossem homens, mas os espancamos como se fossem feras. Andam quase nus; já cheguei a ver negras completamente nuas. Quando compra um negro, seu senhor veste-o com uma túnica branca, embelezada com ouro, e o batiza; acredita-se que isso faz dele um cristão.

O escravo que tenta escapar é punido com chicotadas e, em volta do seu pescoço, é colocado um anel de ferro, ao qual é fundida uma pequena lança, cuja ponta é direcionada para o seu ombro. O anel é mantido até que o senhor resolva tirá-lo. Eu vi dois negros cujos rostos estavam cobertos por uma máscara de ferro fundido, na qual havia somente dois orifícios para os olhos. Ambos foram punidos dessa forma porque estavam muito infelizes e tentaram acabar com a própria existência comendo terra.

Diz um senhor a seu escravo: você vai vender isto e vai me trazer muito dinheiro. O escravo, infelizmente, não consegue angariar a soma necessária, apesar dos seus gritos e de sua diligência. Ao voltar para casa, o negro é espancado severamente e o bárbaro que bate não ganhou dois vinténs com seu comércio. Que atrocidade!

Há pouco, um português encontrou-se na sua caminhada diante de um negro, que imediatamente se afastou para deixá-lo passar. Insatisfeito, o português ordenou ao escravo que atravessasse o fosso; o infeliz balbuciou uma desculpa e abaixou a cabeça. De repente, é atingido por uma bengalada. Indignado e confuso, o negro responde com um suspiro e foge. O português descobriu onde o negro morava e ofereceu ao seu senhor uma soma enorme por ele, soma que tentou a sua ganância. O escravo morreu, no dia seguinte, sob o chicote.

Esses atos de despotismo não são punidos aqui. Creio, sinceramente, que tais traços caracterizam uma nação. Estava, outra noite, esperando pela canoa de bordo e passeava no cais próximo ao palácio do rei. Um negro, carregando uma cesta cheia de frutas nos joelhos, chamava, de quando em quando, com uma voz baixa e trêmula, os transeuntes, oferecendo sua mercadoria. Era tarde, e perguntei-lhe o que esperava vender às dez da noite. *Não muito, senhor*, respondeu, *quase nada, mas vou esperar mais um pouco*. Para quê? *Ah, senhor! Ao menos retardo alguns instantes a hora do meu suplício!...*

E não duvide que, naquele mesmo dia, ele apanhou por isso.

Os negros cuja juventude não foi muito sofrida são geralmente fortes, altos e bem-feitos de corpo. Vi alguns, sobretudo na alfândega, que são verdadeiros atletas.

CARTA XXVII

Dentre os costumes do Rio de Janeiro, percebi que dormir a maior parte do dia era o mais adotado. Daí a indolência e a estupidez.

Dispondo de 4 mil francos de rendimento, e de economia, pode-se viver no Rio de Janeiro; com menos se corre o risco de morrer na miséria. Uma casa com dois ou três quartos é alugada por trezentos a quatrocentos francos por mês. É verdade que custa muito pouco mobiliá-la no estilo brasileiro; uma sala é bem decorada quando tem seis cadeiras e um sofá; uma mesa e um armário adicionais indicam fortuna e luxo.

As senhoras, quanto às vestimentas, confundem riqueza com bom gosto. Lembram aquelas bonecas antigas, muito comuns nas lojas de moda francesas; quase nunca usam chapéus ou arranjos. As muitas flores e penas que usam como adornos contribuem muito para realçar a sua pele oliva e amorenada. Raramente se dão as mãos na rua ou durante as caminhadas. Andam em fila, uma atrás da outra; e, semelhantes àquelas gruas que se guiam pela base, se aquela que está à frente muda de faixa e perturba a ordem, as que a seguem param e parecem incertas quanto à direção a tomar. A senhora que lidera tem que se virar de vez em quando e verificar se a linha é cortada por algum obstáculo e se cada fila tem sua líder. Escravas, elegantemente vestidas e quase sempre descalças, seguem suas patroas a quatro, seis ou oito passos de distância. Quanto mais longe estão, mais dignidade há em seu caminhar; e isso é geral.

Funerais e todas as cerimônias religiosas acontecem à noite, exceto se for um evento extraordinário. O hábito parece-me muito sensato, pois a religião precisa de recolhimento e, em meio a um povo em movimento, ocupado com mil negócios, a religião é logo esquecida: do esquecimento ao desprezo é um pequeno passo.

As igrejas não contam com cadeiras. As mulheres do povo sentam-se no chão. Mas e as damas ricamente vestidas? Raramente se sentam quando estão embelecidas. O pretexto do dano aos seus adornos lhes serve maravilhosamente. Ouvi duas lindas moças reclamando que isso tinha sido proibido na sua paróquia. Disseram: Para que todo esse luxo na presença do Senhor? A frase pode ser traduzida assim: por que se esconder quando você é uma mulher jovem e bonita?

Fiquei surpreso ao notar que, em dias chuvosos, as senhoras iam à igreja sem chapéu. Explicaram-me, então, que aquelas que não desejavam ir de cabeça descoberta tinham que pagar uma quantia bastante alta ao pároco, que lhes concedia uma licença extensiva a todas as outras igrejas. Parece-me que o único propósito para estabelecer um tal costume é arrancar mais esmolas e abusar da generosidade dos fiéis. Creio que seria melhor pôr assentos nos templos; cobrando uma pequena taxa, não poderíamos evitar o triste quadro dessas mulheres que se agacham no chão totalmente adornadas e só conseguem se levantar com esforços ridículos e contorções indecentes? Mas o costume ordena o contrário, e não se fala contra o costume...

Existe, sobretudo na Itália, uma classe de homens que deveriam impor a si mesmos a lei de nunca falar em público, mas que, confrontando o decoro, buscam, ao contrário, avidamente lugares onde possam exibir a sua inutilidade e degradação.

Há *castrati* no Brasil; são todos italianos e pensionistas do rei. O que melhor canta — não sei designar de outra forma — foi enfeitado com a Ordem de Cristo. Todos pertencem à capela real e recebem altos salários. É possível ouvi-los em todas as igrejas, mas nunca no teatro. Se não os gratificarmos devidamente, em breve não veremos mais deles na Europa.

Não há nenhum país onde os filhos demonstrem mais respeito pelo pai do que no Brasil. Depois das refeições, beijam-lhe sempre a mão e nunca se sentam na sua presença, a menos que, com um gesto ou um olhar, os autorize a fazê-lo. Se é por respeito ou mero costume não importa, pois se submeter a tal prática já é, por si só, uma prova de respeito.

Quando um escravo falha muito seriamente em seu dever, seu senhor, se for humano, não o agride; mas o entrega a um auxiliar, pago por ele e pelo governo. O culpado é levado para um local determinado por regulamentos e costumes. Lá, espera pacientemente a sua vez chegar, porque as execuções são lentas e se multiplicam; sobra-lhe tempo para ver as lágrimas dos chicoteados. Pela fúria do carrasco, parece que ele tem uma vingança pessoal a exercer. O sangue corre, e a piedade não tem lugar no seu coração: está acostumado a lágrimas e sangue... Cem chibatadas é a dose usual; pois a dose normal aqui é quase sempre o máximo da penalidade, e esse número não pode ser ultrapassado em um dia. Muitos infelizes, porém, recebem mais que o dobro!...

Dei involuntariamente com esse local de tortura no momento em que se completava a execução da sentença de um desses homens. Firme e enfrentando a dor, ele contou em voz alta os cortes que recebeu e parecia, por uma intrepidez imóvel, insultar a barbárie de seus assassinos.

Outro, ainda mais surpreendente, deitado sobre uma escada de madeira onde acabara de ser amarrado, levantou-se depois de receber cinquenta golpes de corda, estendeu os braços como se acabasse de acordar de um sono profundo e disse, provocando seus algozes: *Dorme-se muito mal nessa cama*... E esses homens são escravos!

É à porta de uma prisão que se realiza este tipo de execução. A vítima é amarrada a um poste; seu sangue escorre por uma pequena vala cavada para esse fim.

Há tantos padres aqui como na Espanha — lá, o número de padres é imenso. O hábito de reverenciá-los está em declínio. É costume que eles vivam com preguiça. Os padres do Rio seguem estritamente tal costume.

As procissões não inspiram nenhum respeito; há muita multidão, pouca contrição. Os sacerdotes percorrem a cidade durante o evento. Há procissões que são verdadeiras mascaradas.

É costume entre os ingleses caçoar dos brasileiros; também é costume dos brasileiros odiá-los. Ambos os povos estão certos.

CARTA XXVIII

Qual é o Código de Procedimento? A vontade do rei. Que desgraça se o rei for um déspota!

Há aqui diversos códigos, alguns muito razoáveis e muito bem fundamentados; mas nenhuma sentença definitiva pode ser executada sem a sanção do soberano, e o soberano dificilmente autoriza a morte de alguém. Ele acha que os braços do pior criminoso podem ser aproveitados, e vê a morte de um homem como um crime social. O reino possui minas na África e em seus Estados, as quais são povoadas por canalhas bem vigiados, que executam uma exploração bastante célere. Quantas pessoas honestas perecem nesses imensos túneis, sob um sol devorador!

Dizem que são cometidos cinquenta assassinatos por ano no Rio de Janeiro, contudo faz cinco anos que ninguém é executado. Por aqui, gostam de matar às escondidas, não legalmente. Ainda se comenta o caso de três negros que, depois de matarem seu mestre, foram presos bebendo seu sangue. Acabaram enforcados, mas a sentença foi considerada muito severa. Entre esses escravos de galera que vejo nas ruas com uma corrente no pescoço, estou certo de que o menos culpado cometeu pelo menos dois assassinatos.

A menos que haja um caso extraordinariamente sério, os negros nunca são julgados; são postos a ferros logo que um crime é detectado ou mesmo suposto por um agente de polícia, e são deixados em tal estado por dois ou três anos; se um deles consegue escapar, tão pouca investigação é feita para encontrá-lo que é quase certo que nunca seja pego. Os negros presos são muito usados para transportar água para edifícios públicos e varrer as ruas.

Um negro com uma faca é castigado com chicotadas e prisão.

Nenhum estrangeiro pode carregar uma faca, mesmo em plena luz do dia, sob penas bastante severas; essa lei, no entanto, está sendo alterada. Um cidadão, louvável por seus costumes e sua probidade, seria condenado apenas a uma pequena multa.

Os duelos são tolerados entre portugueses e brasileiros; e um oficial que opta por recusar um desafio, corre o risco de ser expulso de seu regimento; se aceitar, será condenado a alguns dias de prisão. Em geral, são homens corajosos, francos e rigorosos com a disciplina militar, homens que preferem a prisão ao desprezo de seus camaradas.

O conde de A..., exilado do Rio de Janeiro, recebeu, há pouco tempo, a ordem de ir imediatamente para o local de seu exílio. O visconde de R..., que lhe transmitiu as ordens do seu soberano, acrescentou: *Também sou responsável por testemunhar a sua mudança. Que assim seja*, disse enfaticamente o conde, agarrando-se a uma banqueta; *certifique-se de que já comecei*, acrescentou, lançando a banqueta na direção do visconde, que se contentou em fazer o seu relatório, e ficou feliz por ter conseguido se desviar da banqueta. Essa não é lá uma vingança francesa.

Talvez no tribunal a lei sobre duelos seja mais severa do que nos regimentos. Talvez o conde de A... seja temido pelo visconde de R... Talvez o banquinho tenha servido ao seu propósito e impedido este último senhor de lutar; talvez estivesse proibido de o fazer; talvez tenha gostado do conde.

Advogados aqui são raros. Isso não significa que os casos duram pouco, na medida em que há menos cabeças para confundi-los?

Logo que dois litigantes entram com um processo, os juízes geralmente mandam investigar as suas fortunas; a desproporção em demasia é motivo para suspeitarem da boa-fé do mais rico e lançarem dúvida sobre a justeza de sua causa; o outro nem precisará pleitear. O dinheiro, afinal, tem alguma influência sobre os advogados do Rio.

Poderíamos pensar que, em decorrência desse estado de coisas, os advogados não fazem fortuna; mas fique tranquilo: eles também atuam como promotores.

CARTA XXIX

Quando o rei ou um dos príncipes da família real passam, os negros se ajoelham: é o costume. Muitos portugueses se fazem negros por esse costume.

O sr. Sumter, cônsul americano, passeava um dia num conversível e encontrou a carruagem da rainha na rua. O cônsul parou o seu cavalo e fez uma reverência. O guarda gritou: *Desça! Desça!* Forçado pela violência, desceu de seu conversível. Passado pouco tempo, ele encontrou-se novamente no caminho da rainha, os guardas, mais uma vez, queriam forçá-lo a descer, e até proferiram insultos e ameaças contra ele. O cônsul, então, sacou duas pistolas, saltou para a porta do carro de S. M., e jurou que atiraria se não fosse deixado em paz. Garanto-lhe que, depois disso, continuou tranquilamente o seu passeio.

Meu amigo, não sei se tantos detalhes vão entretê-lo e levá-lo a conhecer os costumes do Brasil, mas são muitos pontos para comparação, e os fatos por si sós, creio, podem servir para julgar o espírito de uma nação.

Conhecendo, por exemplo, os costumes da maior parte dos monges, julgo a virtude de seu bispo pelo ódio que sentem por ele e pela maneira escandalosa como falam a seu respeito. Esse bispo, cuja reputação não foi manchada pelas calúnias mais atrozes, recentemente visitou toda a sua diocese; a jornada durou três anos, mas ele fez de seis a dez léguas por dia. Dizem que gastou quatro anos de sua renda na jornada. Por que os sábios e naturalistas não o acompanham em suas andanças?

Existem muito poucos mendigos aqui. Alguns velhos negros doentes, expulsos das casas dos seus senhores por terem esgotado as suas forças no serviço e já não lhes poderem servir, vagam pela cidade e só sustentam a sua dolorosa existência com a generosidade dos estrangeiros. Encontramos a razão de seu pequeno número tanto no cuidado que os pais têm em dar um futuro aos filhos como na falta de generosidade de portugueses e brasileiros. O hábito de ver os negros espancados sem cessar endurece seus corações e os torna insensíveis às desgraças dos outros. Principalmente as mulheres, que são de uma crueldade inconcebível: distanciam-se de um mendigo como de um animal peçonhento.

O comércio é muito importante para o Brasil. O porto do Rio de Janeiro, nesse aspecto, é ilustrativo: avistamos pavilhões de todas as nações. Porém, não se pode acreditar que, para aumentar a fortuna, basta chegar ao Brasil com uma carga rica. Nada é mais incerto do que as especulações desses comerciantes pouco profissionais, que, em vez de calcular os recursos de um país, o tipo de comércio mais lucrativo, as melhores oportunidades, cruzam os mares, alimentam esperanças — que não se concretizarão — e desembarcam num país onde tudo é novo, até mesmo o tipo de indústria que mais conhecem. Aqui, como em todos os países do mundo, os melhores negócios dependem do momento; e uns perderão as suas fortunas pelos mesmos meios com que outros quadruplicarão as suas. Um dia de atraso arruína as combinações mais brilhantes.

Quanto mais distante um país — creem muitos comerciantes —, mais certas e vantajosas são as especulações. É melhor refletir um pouco mais do que ser convencido do contrário por uma experiência traumática. Para mostrar a força desse raciocínio, gostaria apenas de citar o exemplo de todos os franceses que, desde a chegada da corte ao Brasil, vieram tentar a sorte. Dois ficaram mais ricos; dez estão arruinados; um triplica seu capital, enquanto outros vinte perdem um terço do que é seu, sem contar o cansaço e os perigos de uma longa e perigosa navegação.

O mesmo que vale para o indivíduo, vale para o Estado. Quanto mais rico, menos deseja arriscar seus fundos, menos oportunidades dá ao acaso; suas especulações são mais seguras; e se um único caso não é suficiente para aumentar sua fortuna, pelo menos vários já o permitem. As vantagens decorrem da quantidade, e com mais recursos também se tem mais vantagens, pois é possível facilmente reparar perdas. A partir daí, mil ramos da indústria se chocam e se contrariam. O sucesso deste será prejudicial ao sucesso daquele outro; e como, em meio a um caos de operações múltiplas, difusas, reconhecer aquelas que oferecem as melhores oportunidades?

De que modo, a grande distância, unir-se com segurança a um ramo, sem ter a certeza de que não será engolido pelos outros?

Estou ciente de que não é o dinheiro que faz a fortuna dos Estados, mas o comércio, que é apenas uma troca do supérfluo pelo necessário; por isso mesmo, um Estado que tem muito dinheiro investirá em bens de valor conhecido, dos quais certamente tirará grandes vantagens.

Quando digo que um Estado comercializa, quero dizer, os cidadãos: o Estado é rico quando os cidadãos o são. Quanto mais o comércio floresce, mais as artes e a indústria devem prosperar. Mas se há, como sabemos, tantas relações entre esses três ramos da grandeza dos Estados, como explicar que as artes sejam tão negligenciadas no Brasil e a indústria quase inexista?

Nenhum ateneu, nenhuma sala de pintura ou escultura, nenhum artista ilustre. Um grupo de franceses, atraídos pela esperança de grandes riquezas e pelo sentimento de superioridade em relação aos brasileiros, veio se estabelecer no Rio de Janeiro. A maioria, é verdade, encontrou uma existência brilhante aqui; o resto está morrendo na miséria. Às vezes protegemos o talento sem valorizá-lo, sem honrá-lo. O governo diz: preciso de homens de mérito; que os façam vir e que sejam pagos. É como quando um sultão diz: preciso de eunucos para manter minhas esposas; vamos buscá-los e recompensá-los.

Palácios e arcos de triunfo de madeira foram erguidos para a coroação do rei. Como se maltrata o gosto! Esses arcos de triunfo são portas de carruagens em que foram pintadas figuras das quais o menor dos nossos pintores não ficaria com inveja.

As inscrições que decoram esses arcos e palácios são muito bonitas; partem do coração, que é cidadão do universo, e são ditadas pelo amor e pela gratidão; suas pinturas são filhas das artes. Ó, Taunay! O que você veio fazer no Rio?

Quanto à indústria, é tão pequena que se poderia pensar que não é necessária para o crescimento de um país em formação. Os implementos agrícolas, as máquinas, as fábricas, as lojas de moedas são primitivas e de pouco valor. Os negócios ainda estão engatinhando. Podem-se encontrar vinte trabalhadores na loja de um sapateiro que vende um par de sapatos por dia. O uso de carrinhos de mão remonta apenas a alguns meses e ainda não é muito difundido. Todos os instrumentos, numa palavra, são tão grosseiros quanto pouco engenhosos. Por que se envergonhar ou se recusar a pedir emprestado a outras nações o que em breve pode vos fazer rivalizar com elas?

CARTA XXX

Há uma classe de pessoas, meu amigo, que talvez não devesse mencionar, mas seus modos e seus usos diferem tanto daqueles dos indivíduos de nossa nação que *exercem o mesmo ofício*, que não posso resistir ao desejo de lhe dar uns tantos detalhes sobre esses profissionais.

Falo das mulheres públicas, que podem aqui ser encontradas em todos os bairros e em todas as ruas. Talvez haja tantas quanto em Paris. Longe de exibirem o seu despudor, abordando os transeuntes, como é prática na Europa, elas muitas vezes afastam os que as abordam e cedem somente depois de muita insistência. É verdade que, quando se familiarizam com o truque, os estrangeiros já não se deixam enganar e riem das encenações; mas não é menos verdade que, pelo menos, salvam as aparências; e, quando se consegue isso em meio à degradação geral, já é muito.

Têm mais uma qualidade que as distingue de suas similares de Paris: estão constantemente cobertas por um manto de veludo preto bordado, com o qual se envolvem de maneira muito elegante. Esse manto é o uniforme delas. Você pode achar que é um luxo, mas não, é um identificador; quase todas são de uma feiura repulsiva, os brasileiros, porém, não as olham tão de perto. Dizem que as senhoras honestas, cujos maridos estão ausentes, muitas vezes se enfeitam com o dito manto e que, como aquelas cujo traje tomam emprestado, cedem apenas aos pedidos mais insistentes.

A influência dos costumes europeus já se faz sentir no Brasil.

Este capítulo naturalmente me leva ao próximo.

CARTA XXXI

Os monges, uma trupe ignorante e vil, poderosa o suficiente para se libertar da obediência às leis mas não capaz de tomar o poder supremo, grupo escandaloso de preguiçosos e libertinos, associação inicialmente sagrada e útil, hoje ímpia e perniciosa, os monges, como dizia, pululam pelas ruas do Rio de Janeiro.

Os símbolos sagrados com que estão vestidos cedo lhes abriram todas as portas, e suas virtudes geraram confiança. Hoje é o medo que produz esses efeitos; os homens que são crédulos o suficiente para recebê-los, logo se arrependem com lágrimas amargas do instante de fraqueza ou superstição. Os monges de hoje não são mais zelosos imitadores de Vicente de Paulo e de Las Casas, os quais, com a tocha da verdade em suas mãos, cruzaram desertos selvagens para difundir a luz da fé entre nações bárbaras; são hipócritas covardes que, armados com a tocha da discórdia, entram no seio das famílias somente para abusar de seu poder e semear ódio e divisões entre os membros da casa.

Há na cidade cinco conventos, três de homens e dois de mulheres. O mais belo e também o mais rico é o dos beneditinos, localizado numa colina, a dez passos da cidade, que domina uma parte do porto.

Vinte e dois tonsurados recebem renda; quase todos carregam em sua fisionomia hipócrita sinais inequívocos de sua libertinagem escandalosa. Percorro todos os corredores do convento, entro em quase todos os cômodos, não consigo encontrar ninguém. Vou à capela, que é surpreendentemente rica, ninguém! Há lustres, candelabros, relevos, santos e virgens em ouro ou prata maciça, nada que indique ser o templo de um Deus da pobreza. Por sorte, sabemos que nem sempre os discípulos seguem o exemplo de seu mestre.

Por que destas tapeçarias, destes veludos e de todos estes assentos ricos em dourado, que anunciam a mais degradante maciez? Por que esses mercadores das aves mais delicadas no peristilo do convento? Por que tantos lacaios? Estou na casa de um Crasso, de um Lúculo? Percorrerei uma vez mais o edifício e veremos. A biblioteca está muito empoeirada, portanto, abandonada. O refeitório está bem decorado: é a sala de estudos? Pela elegância que ali reina, pela ordem ali estabelecida, seríamos tentados a acreditar que sim, se os restos de uma festa, enfiados nos armários de vidro, e as pilhas de garrafas vazias não indicassem outra coisa.

Deixo o convento, ou melhor, o palácio, e encontro à porta um jovem cenobita que parece bastante surpreendido por me ver ali. Eu me aproximo e peço permissão para visitar a santa casa.

Senhor, responde, *meus irmãos foram distribuir esmolas, e não estou autorizado a deixar meu posto neste momento.*

Garantiram-me que a regra beneditina era muito severa. A boa comida é uma prova de austeridade? *É verdade que os monges renunciam a tudo..., para não falar da boa comida*, responde o religioso.

Os dois conventos de mulheres são respeitados e respeitáveis. É verdade que há um deles, o da Ajuda, que não é poupado de críticas, pois, segundo dizem, em certos dias do ano, os grandes do reino têm o direito de aí entrar; até agora, no entanto, há notícia de somente uns vinte e poucos casos de moças obrigadas a deixá-lo por...

A fofoca tem sempre prazer em tornar o mal maior.

PS: Ouvi a conversa de um monge do convento de ... que escandalizaria um cabo suíço. Dois deles sequestraram, há pouco, duas moças acusadas de devassidão. A lei que pesa sobre os escravos miseráveis não atinge esses desviantes! Acredite, meu amigo, que uma das mulheres ousou ir ao tribunal reivindicar a propriedade de um monge seu amante que havia morrido, e que ela dispunha de monges de outra irmandade como protetores! Esses escândalos não são incomuns aqui.

CARTA XXXII

O caráter dos brasileiros, de certo modo, é não ter nenhum caráter; pouco lhes importa o viver bem, desde que vivam; evitar a dor é tudo. Detestam a agitação; o movimento não lhes convém. Quando estão dormindo, vivem; acorde-os, tombam; creio mesmo que um cidadão condenado a percorrer a pé, durante uma jornada, quatro ou cinco léguas de distância seria muito mais cruelmente punido que outro condenado a cumprir pena de oito dias de prisão. O único momento em que saem da sua habitual letargia é quando são criticados... Não desesperemos com os brasileiros.

O Passeio Público vive completamente deserto, o belo passeio do aqueduto encontra-se totalmente abandonado, as vastas, magníficas e silenciosas florestas ainda escondem mil tesouros — que uma mão ativa teria tão pouca dificuldade em aumentar ainda mais —, as águas, tão límpidas, tão piscosas, hoje correm tristes e inúteis por terras semisselvagens, os milhares de animais peçonhentos — fáceis de destruir ou remover — sitiam as casas, e as tribos errantes e cruéis semeiam o terror até às portas das principais cidades; tudo isso não é culpa da apatia dos brasileiros? E acredite! Mostre-lhes os resultados de sua negligência covarde e rirão de você; suas memórias preguiçosas vão despertar e tentarão, a todo custo, mostrar-lhe como era o Brasil antes da conquista, num passado não muito distante. As suas frontes, geralmente sem cor, ganharão um certo rubor de modéstia, como se a glória dos Dias, dos Cabral, dos Albuquerque fossem a sua própria glória; como se as conquistas de seus ancestrais resultassem de seu trabalho e de sua fadiga.

Disse-me ontem um brasileiro: *Em todas as direções desta vasta parte do Novo Mundo, nas planícies, no meio das montanhas, à beira-mar, temos cidades florescentes, vilas populosas, portos marítimos grandes e seguros, que atraem especuladores da Europa para cá. Pensam sempre que estão desembarcando entre selvagens e encontram somente homens civilizados. Ficam surpresos, maravilhados, com a riqueza do país, com o comércio das cidades, e partem com o sentimento de nossa glória e de nossa prosperidade.*

Todos os brasileiros hoje falam a mesma língua; e, ao ouvi-los, somos levados a pensar que o Brasil não tem outra riqueza senão aquela que trouxeram.

Ingratos! Fingem ignorar que quase não se conhece a milésima parte deste vasto país; e se, com mil reservas, alguns locais mostram aos viajantes os tênues traços de uma civilização nascente, o imenso espaço que os separa é quase totalmente abandonado. Esquecem, esses cegos e presunçosos, que a comunicação entre duas províncias é sempre muito difícil — às vezes, impossível — por causa das tempestades que assolam os campos e derrubam as frágeis barreiras que lhes foram erguidas. Recusam-se a informar aos estrangeiros que, da Bahia ao Rio, as duas principais cidades do Brasil, só se pode viajar a pé ou no lombo de uma mula, e que uma estrada principal, tão necessária para carros, acaba de ser iniciada. Tampouco falam da necessidade de o viajante levar consigo as provisões necessárias para sua manutenção ou que deve ter seus próprios escravos — por vezes não muito fiéis —, escravos que o guiem em meio às florestas e aos vastos descampados.

Nenhuma pousada em sua rota; nenhuma garantia contra ataques de povos antropófagos; nenhum recurso, exceto sua coragem contra a ferocidade de onças e jaguares; nenhuma segurança também por parte dos guias, a quem as recompensas nem sempre agradam e a quem dificilmente se submete com ameaças — estão demasiado próximos da liberdade para se humilharem com a escravidão. Homens tão tímidos, tão rastejantes quando em nossas cidades, parecem, no meio das florestas, recuperar a existência que lhes roubamos.

O Brasil, meu amigo, ainda é meio selvagem; mas conduzido de modo ativo e liberal, este país, favorecido pelo Céu, pode em breve se tornar uma colônia florescente. E creio não estar longe o tempo em que o cinzel da história gravará tais feitos e dirá às nações europeias que bastaram um homem e um punhado de anos para lhes dar um rival no novo continente.

CARTA XXXIII

Hoje é o aniversário de nascimento da princesa Leopoldina. Há uma grande festa no palácio de São Cristóvão. A elite do país deve estar lá. Finalmente, vou ver a tal elite do país e, ainda, uma corrida de touros e fogos de artifício. A estrada que leva ao castelo do rei, localizado a légua e meia da cidade, é um verdadeiro atoleiro; as carruagens dos nobres que a lotam quase se comparam aos nossos carros alugados.

Eis a casa do bispo; um belo palácio. Eis o palácio do rei; é uma casa muito bonita. Os preparativos da festa já são visíveis... Parece que tudo em torno da casa são fogos de artifício: só se veem foguetes e bombas. O circo destinado às corridas está muito bem decorado; o todo oferece uma aparência imponente.

As duas figuras que andam pela arena são o príncipe real e seu irmão mais novo; conversam familiarmente com os naturais do país, que trazem seus touros para os cercados. Nota-se uma espécie de solicitude nos movimentos do príncipe real; é porque o seu irmão está com ele, e o perigo os espreita... Fico contente que tenham partido.

A música enfim anuncia a chegada da corte; as galerias estão lotadas com os grandes do reino. A primeira fila é reservada às princesas e às damas de companhia. Quanto luxo! Quanta riqueza! É difícil desfrutar de vista mais agradável.

Os cavaleiros que lutam contra os touros são nobres. Plebeus, a pé, fustigam os animais. Creio que um toureiro espanhol não se dignaria a entrar na arena. Morreram somente dois homens; que desgraça!

Os preparativos para a festa são mais bonitos do que a própria festa. Não é praticamente a mesma coisa em todos os lugares?

CARTA XXXIV

Sempre gostei muito das pequenas anedotas, das coleções de traços engenhosos, das réplicas geniais, porque a atenção não tem tempo para se cansar, embora esteja sempre ativa, e as impressões que se experimentam, doces ou amargas, descontraídas ou sérias, apenas pastoreiam nossa alma sem ofendê-la.

O movimento físico oprime o corpo; o movimento moral relaxa a mente.

Todos os casos que vou contar para você recolhi no próprio país. Todos me foram confirmados como verdadeiros, e não tenho por que duvidar.

Um ourives carioca, riquíssimo, tinha entre os seus escravos um negro da costa moçambicana em quem testava todos os dias o peso do seu braço. Golpes e privações haviam tornado o infeliz tão estúpido que, todas as manhãs, ele tinha a constância de apresentar-se a seu mestre e dar-lhe a mão esquerda, que este apertava com um torno, enquanto com uma grande lima limava os seus dedos pouco a pouco... Os dedos tinham praticamente desaparecido quando, um dia, o mestre chamou o escravo e mandou que lhe desse a mão direita. A fúria apoderou-se do negro; ele se armou com a mesma lima que o mutilara com tanta crueldade, atacou seu senhor com golpes sucessivos, deitou-o morto no chão e correu para São Cristóvão, onde seus gritos clamaram pela presença do rei. O monarca mandou trazer o escravo, que se ajoelhou e disse que acabara de cometer um assassinato. *Infeliz! E que motivo o levou a esse crime?* Vingança. *O que fizeram com você?* Mutilaram minha mão. *Do que você é culpado?* Eu não sei. *Procuremos imediatamente testemunhas e tratemos do caso desse homem*, disse o monarca. As testemunhas apareceram e atestaram a inocência do negro. *Você está livre*, diz-lhe o rei; *esses dois escravos de seu senhor pertencem a você, e eu lhe dou ainda uma parte de sua riqueza para que possa iniciar o seu negócio. Lembre-se de seus sofrimentos e da punição de seu mestre; vá.*

Um monge carioca queria se vingar de um francês que lhe tirara uma amante. Mandou chamar um homem negro e disse-lhe: *Ouça, aqui estão três piastras, são suas se, com esta faca, conseguir, em menos de meia hora, matar um francês que acaba de entrar nesta loja. Você concorda?* Dê-me a faca. *Preste atenção! Ele tem um chapéu francês e um casaco azul muito curto*. Eu cuido dele. Prepare suas piastras... Um homem sai da loja e cai morto a dois passos da porta. *Infeliz*, disse o monge, *você não atingiu aquele que eu lhe indiquei; você cometeu um crime desnecessário, não receberá nada*. Indignado e desdenhoso de sua vida, o escravo culpado nomeia seu instigador e se entrega à multidão aglomerada em torno do cadáver. Justiça informada do caso, o escravo foi enviado para Angola, e o monge trancado por dois anos no seu convento.

Há poucos dias, passando numa rua, a rainha ouviu gritos violentos vindos de uma casa. Parou o carro e ordenou a um dos guardas que trouxesse o dono da casa. *De onde vêm esses gritos?* De uma escrava que açoitei; ela roubou meio quilo de açúcar. *Quantas vezes você bateu nela?* Sessenta. *Quanto ela deve receber?* Cem. *Eu imploro seu perdão por ela.* Vossa Majestade será atendida. *Obrigada!* E a rainha vai embora. No final da rua, desconfiada da boa-fé do senhor, ela manda um de seus guardas verificar se o castigo cessara... Havia continuado e com ainda mais persistência. A rainha retornou, mandou buscar a negra espancada e disse-lhe: *Deus a abençoe! Os golpes que você acabou de receber valeram a sua liberdade; e você, infeliz, dirigindo-se ao amo, alegre-se porque o seu castigo é só a privação de um escravo.*

Eu vi (isso eu vi) duas jovens senhoras, que pareciam expressar em suas faces bondade e gentileza, tentando, por falta do que fazer, alcançar de longe, com um chicote, o rosto de um negro, a quem ordenaram que ficasse parado. O exercício pareceu diverti-las! Teria interferido se seu pai, que apareceu logo após a primeira tentativa, não as tivesse repreendido fortemente por sua crueldade. Isso eu vi.

Quando o conde dos Arcos apaziguou a Revolução Pernambucana, o rei, ao ouvir essa feliz notícia, perguntou ao seu herdeiro com que recompensa poderia reconhecer tão grande serviço. *Nomeai-o príncipe real, garanto-lhe que não terei ciúme*, respondeu d. Pedro. Tal resposta é nobre e confesso que não me surpreendeu.

Em visita outro dia à casa do sr. R..., ouvi um jovem dizer em voz alta: *Não sei por que um insulto não pode ser compensado com outro insulto. As disputas não cessam depois disso? De que adianta se arriscar a receber uma espada ou uma bala no corpo?* Admirado com tais posições, não pude deixar de dizer ao meu vizinho o quanto diferiam daquelas que um cavalheiro teria na França. *Não fique tão surpreso*, respondeu o meu vizinho; *o senhor está na casa do sr. R..., que recebe insultos e não sabe como se vingar. Outra será a posição desse jovem amanhã, em casa do conde de A...*

Tão logo o tribunal tenha pronunciado a sentença de morte de um celerado qualquer, um homem, chefe ou empregado de um hospício denominado Misericórdia, corre ao palácio real, se joga aos joelhos do soberano e, com gritos, pede o perdão do culpado. Recentemente, um escravo foi condenado à forca por ter assassinado um coronel e um padre. *Graça! Graça!*, gritava todos os dias o empregado da Misericórdia; *em nome de seu pai e para o repouso da alma de sua mãe, perdoe!* O rei, no entanto, perseverou: *O criminoso será executado. Há dois anos, assassinou um coronel, comutei sua sentença; agora matou um padre; a sentença deve ser cumprida.* O conde dos Arcos interveio e implorou ao rei que não tomasse nenhuma atitude: *Esse escravo cometeu um crime horrível,* disse o ministro, *que seja imediatamente levado à morte.* Um crime não, completou o rei, ele cometeu dois. *Perdoai-me, senhor, o segundo é de Vossa Majestade, que perdoou este canalha uma vez.* O negro foi enforcado.

Não sei o que é mais admirável, se a honestidade do ministro ou a grandeza do rei, que sabe entender essa linguagem.

Ultimamente, o rei não queria assinar a sentença de morte de um escravo, pois o padre, encarregado de conduzir o culpado à execução, avisou s. m. de que o negro não queria se confessar. *Mandem-no para Angola,* disse o monarca, *não quero condenar sua alma.*

Mais um exemplo.

Marinheiros, alguns dos quais escravos, assassinaram recentemente o capitão e o imediato de um navio mercante que navegava em direção à Bahia; os rebelados lançaram o navio contra a costa e, com o intuito de roubar as mercadorias, disseram que o seu capitão havia morrido. O caso estava sendo investigado quando um dos celerados, pressionado por sua consciência, confessou o crime e relatou os detalhes. Todos foram condenados à morte, e a sentença foi trazida à assinatura do soberano: O *quê!*, exclamou, *querem que eu mate esses oito infelizes! De modo algum! Poderiam pensar que só temos assassinos em meu reino. Apontem os chefes da conspiração e mandem os outros para Angola*. Mas, senhor, disse um ministro, todos são igualmente culpados. *Bem, então poupe os primeiros quatro da lista; os outros servirão de exemplo*. Mas mudou de ideia: *Não*, acrescentou, *dois condenados são o suficiente; não quero que culpem meu coração. Qual é o delator do crime*? Ai de mim, senhor! É um dos que perecerão. Todos foram perdoados e a sentença, rasgada.

Deixo esses fatos para sua consideração...

Adeus, meu amigo. Toda vez que detectar novos traços que ajudem a pintar o homem, não deixarei de os recolher; tais traços caracterizam também uma nação; os fatos sempre aclaram mais do que hipóteses ou raciocínios.

CARTA XXXV (1818)

O rei, dizem, pode mobilizar 150 mil homens a pé em tempo de guerra; eu duvido.

O marechal general de todos os exércitos de d. João VI é lorde Beresford.[7] Deve-se lamentar uma nação que não encontra em seu seio um homem capaz de protegê-la. Diz-se que o príncipe real não gosta muito do lorde inglês. Eu acredito: o príncipe real é um verdadeiro português.

O maior general do Brasil é são Jorge. Acha que estou brincando, meu amigo? Engana-se. George, o santo, é o tenente de

Beresford. E aqui vão alguns detalhes sobre as honras que lhe são prestadas durante uma grande procissão, instituída para celebrar suas virtudes e feitos, onde as primeiras famílias do reino se fazem presentes.

A imagem de são Jorge, em madeira, com chapéu trançado, encimado por cerca de quinze plumas, vestida a caráter, com polainas de veludo preto com grandes nós, ambos os braços para a frente, e colocada sobre um cavalo soberbamente arreado, é mantida em equilíbrio por dois lacaios que se apoiam nos estribos — o que não impede que sofra leves sacudidas. A seguir vêm seus cavalos, 24, montados pelas maiores figuras da corte; imediatamente depois, a carruagem do rei, seguida por todas as irmandades: verdes, azuis e brancas. Homens e crianças, vestidos da forma mais ridícula, aglomeram-se aí, lembrando aquelas reuniões de bufa memória, onde a sabedoria e a razão estão ausentes. É recorrendo a tais farsas que iremos inspirar sentimentos de respeito por uma religião tão sagrada? Governos que autorizam tais escândalos acreditam realmente que estão honrando um Deus verdadeiro?

A procissão sai do palácio real e segue seu caminho, ao som de música alta, até o local do pagamento, onde, depois de algumas cerimônias ridículas demais para que me dê ao trabalho de lhe contar, passam pelo braço do santo uma bolsa com o salário do ano (asseguraram-me que às vezes o santo dá recibos). De lá seguem para a capela real, onde a imagem de madeira, presa a um estrado, dá a monsenhor o bispo a bolsa com o dinheiro, para que seja distribuído aos pobres. Um dos padres cuida da distribuição — os religiosos da capela real dizem que são pobres, apesar de terem uma renda bastante alta.

Se a Marinha brasileira for reduzida a pó, não será culpa dos comandantes. O rei paga a 22 almirantes, mas possui, em todos os portos, apenas quatro navios e meio, quase todos sem manutenção.

A bolsa do Rio de Janeiro paga hoje quatrocentas piastras para ter o direito de usar a decoração de Cristo sem ter merecido. É mais caro do que manter o primeiro *castrato* da capela real.

Quase todos os nobres são salpicados de ordens e comendas: isso significa apenas que são nobres.

Lorde Beresford frequentemente se adorna com a Ordem das Sete Batalhas, que consiste numa corrente pendurada no pescoço, contendo sete pequenas placas quadradas, distantes alguns elos umas das outras; vi essa condecoração somente com o lorde e não sei dizer a que altura foi criada essa ordem.

Os brasileiros gostam muito de condecorações, e geralmente têm facilidade de obtê-las.

Gostaria de poder traçar algumas notas sobre todos os ministros da corte, mas a maioria deles é desconhecida. Outros são julgados por opiniões ligeiras. Fiquemos com alguns fatos.

O conde dos Arcos foi por muito tempo vice-rei do Brasil e governador do Pará e da Bahia; sua governação conta com apoiadores e detratores; curiosamente, neste caso, pessoas que sustentam as mesmas opiniões políticas têm opiniões opostas sobre o ministro. Ao ser nomeado para o governo da Bahia, assustado com a ignorância do povo, o conde buscou meios de despertar-lhe o gosto pelas letras. Para tal, deu de presente à cidade sua rica biblioteca, instalada em local amplo e cômodo, e convidou os cidadãos a doarem, por sua vez, obras que pudessem ser úteis aos brasileiros. O conde ainda prometeu recompensas aos cidadãos, estimulando-os a seguir o seu exemplo e estudar. Se os resultados que esperava não vieram, só se pode culpar o desleixo dos brasileiros e portugueses. Graças aos cuidados deste ministro é que se deve a criação de uma bolsa de valores na Bahia e de uma série de pequenos estabelecimentos destinados a promover o comércio e a garantir as propriedades dos armadores.

O sr. Bezerra, ministro da Fazenda, é considerado um homem cheio de conhecimentos, mas não aqueles necessários para o cargo que ocupa. *Era preciso um matemático, e foi um dançarino o escolhido*, diz o *Figaro*.

É ao conde da Barca, amigo das ciências, por ele protegidas, que o Brasil deve a formação de um Instituto criado nas mesmas bases do de Paris; sua saúde debilitada o impediu de dedicar todos os seus cuidados a essa nobre instituição, e sua morte foi um golpe final. O sr. Lebreton foi nomeado presidente. Quanto aos outros ministros, ..., isso foi tudo o que aprendi sobre eles; duvido que alguém saiba mais.

CARTA CLXIII (1820)

Estou diante de um novo país, meu querido Battle: não é mais o Brasil de 1817, é o Brasil de 1820 que agora encontro na América. Todos esses homens que andam nas ruas são brasileiros; todos esses lavradores que cultivam a terra e extraem as suas riquezas são brasileiros; todos aqueles soldados generosos que já lutam contra o cansaço, que não se furtam ao combate e que coram por obedecer a um inglês, continuam sendo brasileiros. Pressentem a sua independência ou não são mais os mesmos homens!...

Tenho amigos no Rio e rapidamente tratei de consultá-los: *Ora, um país como o Brasil tem o direito de sonhar com a sua própria prosperidade!*

Onde está o rei? *Em São Cristóvão.* O que ele faz lá? *Está cercado por homens poderosos, ele escuta-os, estuda-os e coloca na administração dos negócios públicos aqueles que mais inspiram a sua confiança. O rei quer e busca a felicidade de seus súditos. O que tais homens estão preparando? Uma constituição! O imperador prometeu uma, e saberá como cumprir.*

Onde está o príncipe real? *Ao lado do seu pai; seu coração nobre medita grandes projetos, sua cabeça ativa raciocina sobre eles, seu irmão mais novo ouve suas lições... ele já sabe que o filho de um rei não deve saber somente que é filho de um rei.*

Onde está a princesa Leopoldina? *Em seus aposentos. Ela estuda a natureza do país, ordena expedições longínquas, coleta plantas, minerais, animais curiosos; ela enriqueceu o gabinete de seu pai com tais achados. Em razão de seu zelo e do prazer que encontra nas pesquisas com que está ocupada, compartilha com as senhoras ao seu redor o seu gosto e o seu amor pelas ciências naturais. As outras filhas do rei já não são crianças e já veem na felicidade do pai a felicidade do povo que governa.* Em todos os países da Terra, se as províncias são guiadas pelas capitais, as capitais tomam o exemplo da corte. Então julgue a diferença que notei entre os brasileiros de hoje e os de 1817! Seria possível que em apenas três anos ocorresse uma mudança tão notável?

A arquitetura das novas casas é grandiosa e de bom gosto. O sr. Grandjean,[8] arquiteto francês, construiu uma magnífica bolsa de valores e um vasto anfiteatro na praça de Santana, onde, frequentemente, são realizadas corridas de touros; mas convém notar que, em geral, os portugueses, diferentemente dos espanhóis, não gostam muito desse tipo de divertimento, obtido sempre à custa da vida de dois ou três gladiadores.

Nada direi de novo sobre os conventos: a mesma desordem, a mesma preguiça, em suma, continua o mesmo escândalo. Fui visitar a bela propriedade dos irmãos Taunay, próxima à linda cascata da Tijuca. Os irmãos contaram-me que, lamentavelmente, o gosto pelas artes avança pouco no Rio de Janeiro e que seus quadros e estátuas não são aí muito apreciados. Pior para os brasileiros.

Adeus, meu amigo; ao ler esta carta, comece a se preparar para me receber; porque partiremos em breve, graças à rara competência do nosso comissário, que apressou as reparações do navio.

JEAN-BAPTISTE DOUVILLE
(1827)

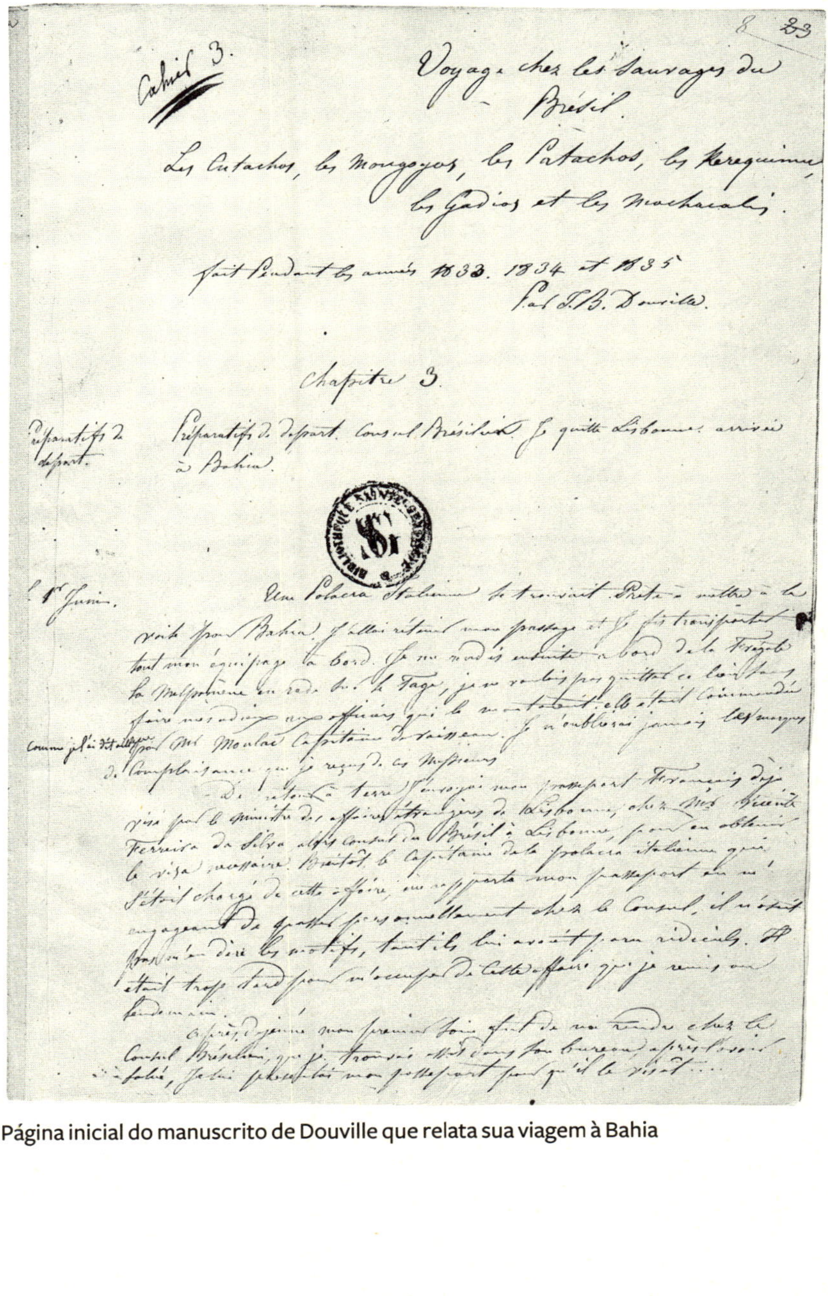

8 ~~23~~

Cahier 3.

Voyage chez les Sauvages du Brésil.

Les Cutachos, les Mongoyos, les Patachos, les Kerequinue, les Gadios et les Machacalis.

Fait pendant les années 1833. 1834 et 1835
Par J.B. Douville.

Chapitre 3.

Préparatifs de départ. Consul Brésilien. Je quitte Lisbonne. arrivée à Bahia.

Préparatifs de départ.

Le 1er Juin. Une Polacra Italienne se trouvait prête à mettre à la voile pour Bahia. J'allai retenir mon passage et je fis transporter tout mon équipage à bord. Je me rendis ensuite à bord de la frégate la Melpomène en rade dans le Tage, je ne voulais pas quitter ce lieu sans faire mes adieux aux officiers qui la montaient. elle était commandée par Mr Moulac Capitaine de vaisseau. Je n'oublierai jamais les marques de complaisance que je reçus de ces Messieurs.

Comme je l'ai détaillé [illegible]

De retour à terre j'envoyai mon passeport français déjà visé par le ministre des affaires étrangères de Lisbonne, chez Mr Vicente Ferreira da Silva alors consul du Brésil à Lisbonne, pour en obtenir le visa nécessaire. Bientôt le Capitaine de la polacra italienne qui s'était chargé de cette affaire, me rapporta mon passeport en m'engageant de passer personnellement chez le Consul, il n'était [illegible] dire les motifs, tant ils lui avaient paru ridicules. Il était trop tard pour m'occuper de cette affaire que je remis au lendemain.

Après déjeuné mon premier soin fut de me rendre chez le Consul Brésilien, que je trouvai assis dans son bureau [illegible], je lui présentai mon passeport pour qu'il le visât…

Página inicial do manuscrito de Douville que relata sua viagem à Bahia

Depois de ter dado uma festa em homenagem aos portugueses, meus companheiros de prisão, deixei Buenos Aires no dia 12 de agosto e desembarquei no Rio de Janeiro, após uma excelente travessia, no dia 19 do mesmo mês. Ao chegar à capital do Brasil, julguei que os meus infortúnios tinham acabado, e começava mesmo a esquecer-me deles. Mal podia supor o que a sorte me reservava nessa cidade.

As remessas que esperava chegar da Europa não poderiam tardar muito. Até então, tinha conseguido viver tranquilamente; mas apenas quando os fundos estivessem à minha disposição poderia dar prosseguimento aos meus planos de viagem. Todavia, a facilidade com que realizei negócios em Buenos Aires, negócios que me trouxeram grandes lucros, levou-me a tomar gosto por esse tipo de ocupação, o que despertou o meu desejo de começar de novo.

Aluguei uma casa numa das principais ruas da cidade e montei ali um estabelecimento de comissão e venda ao público. Estava tão empenhado na execução desse plano que, oito dias após minha chegada, tudo já se encontrava devidamente preparado no imóvel que ocupei. Anunciei nos jornais que receberia em depósito qualquer tipo de mercadoria, e que faria de imediato o adiantamento da metade do valor, sem nenhuma outra exigência, salvo o direito de compra. Estabeleci tal direito em um de cem por mês, sobre o montante obtido pela venda da mercadoria, de acordo com a vontade dos proprietários: imediatamente ou em período posterior. As condições oferecidas eram tão vantajosas para os interessados — quem tinha mercadorias e necessidade de recursos —, que, em menos de dez dias, meus depósitos estavam lotados.

O capital que trouxera de Buenos Aires foi suficiente para montar meu novo negócio. A casa comercial que lá mantinha continuou, no entanto, a existir e não cessou suas atividades até abril de 1828, quando foi liquidada — ao menos, é o que se pode averiguar pelos jornais daquela cidade. O dinheiro que resultou dessa liquidação, cerca de 9 mil piastras, não me era necessário naquele momento; ao partir para a África, escrevi ao meu correspondente de Buenos Aires e mandei que usasse o valor para comprar títulos públicos.

Meu estabelecimento comercial no Brasil estava, como no Rio da Prata, registrado em nome de Douville e Laboissière.[1] Era de supor, portanto, que, no Rio de Janeiro, eu fosse um dos responsáveis pelo negócio. Quando fui questionado sobre isso, respondi que realmente tinha, de início, me estabelecido em Buenos Aires, onde meu estabelecimento comercial ainda existia mas estava em vias de liquidação. Então, perguntaram-me se era o Douville que havia sido encarcerado em Buenos Aires. Respondi afirmativamente e, ao mesmo tempo, contei todos os detalhes do meu processo, que ainda não eram conhecidos no Brasil.

Há, em todos os lugares, pessoas tomadas pelo gosto infeliz de causar dano aos outros, sem outro motivo senão o de fazer o mal. Alguns desses seres malignos foram dizer à polícia que um malfeitor tinha escapado das prisões de Buenos Aires. As autoridades do Brasil, como referi, não sabiam que eu havia sido declarado inocente do crime que me foi imputado e honrosamente brindado com uma sentença de improcedência. Em vez de investigar a verdade dos fatos, a polícia resolveu interrogar-me e investigar a minha pessoa. Eis o que ocorreu.

Um dia após a abertura das minhas lojas, dois irmãos, de nome Mendonça, ofereceram-me várias caixas de livros, implorando que as vendesse o mais rápido possível. Adiantei-lhes, sobre o depósito da mercadoria, a soma de 600 mil-réis, cerca de 3 mil francos. A venda da mercadoria foi anunciada para o dia seguinte. Poucos dias depois, quando uma venda pública de chapas e ferragens estava para começar, um dos irmãos Mendonça, acompanhado por outras três pessoas, veio me cobrar a sua conta. Pedi-lhe que voltasse à tarde, porque os balconistas estavam ocupados e não tinham condições de atendê-lo imediatamente. No entanto, aproximando-me, disse-lhe no ouvido: Se precisares de dinheiro, dou-lhe algum... *Dinheiro!*, gritou Mendonça, *não, não preciso de dinheiro; quero os meus livros não vendidos e o valor correspondente aos que saíram.*

O tom causou-me certo espanto, mas lhe respondi tranquilamente: Senhor, retorne às três horas da tarde que eu fecharei as suas contas e restituirei os seus livros que sobraram. *O senhor, diante de testemunhas, recusa-se a devolver a minha mercadoria*, gritou ele. E saiu abruptamente.

Os que estavam presentes, naturalmente, perguntaram se o sr. Mendonça era louco. Eu não acredito, disse-lhes, sem dúvida ele precisa de dinheiro e lamenta que não tenham sido vendidos todos os seus livros. Mas não podia interromper as minhas transações somente para atendê-lo; para mais, ofereci-lhe um adiantamento. *Explique também*, disse um de meus funcionários, *que já adiantou 600 mil-réis a ele, e que o total das vendas não chega a 700 mil, pois ainda há muitos livros não vendidos.*

A venda recomeçou e não pensei mais nos Mendonça; passada uma hora, porém, apareceu diante da minha porta o chefe de polícia em pessoa, acompanhado de um grupo de soldados e de um escrivão. Esse grupo incomum e tamanha demonstração de força atraíram a atenção de todos. O escrivão aproximou-se de mim e sussurrou em meu ouvido: *Vim prendê-lo, mas, para evitar um escândalo, fique, vou me explicar com você quando a venda acabar e estivermos sozinhos.*

Explique-se agora, respondi. A sua presença aqui põe fim a todos os negócios. Então o comissário leu um mandado contra mim, baseado na acusação de que eu queria fugir com os livros dos Mendonça. Ouviu-se imediatamente um alarido geral, e vários dos presentes gritaram: *Ele emprestou-lhes dinheiro e queria lhes dar mais esta manhã; como pode pensar em fugir com seus livros?; além disso, não são objetos fáceis de transportar, e há coisas mais valiosas aqui. Essa reclamação é um absurdo.*

O chefe de polícia, que entrara na casa de um boticário em frente à minha, ouvindo os gritos de desaprovação, disse ao povo presente: *Os Mendonça vieram me relatar que o sr. Douville fugiu das prisões de Buenos Aires, onde se encontrava detido por ter falsificado bilhetes bancários, e sabendo que tínhamos sido informados, pretendia fugir ao longo do dia com as mercadorias que estavam em suas lojas. Assim, com o propósito de evitar tal tentativa, apressei-me em detê-lo para esclarecimentos.*

As palavras de explicação do chefe de polícia silenciaram muitas das pessoas presentes que tinham se manifestado anteriormente; outras, ao contrário, continuaram gritando: *Injustiça*. Quanto a mim, ocupei-me em entregar os livros e devolver o saldo da conta dos Mendonça na presença de todos; e eles foram embora.

Julguei que estava tudo resolvido, mas o chefe de polícia me disse que, embora eu tivesse acertado com os Mendonça, não poderia me liberar e que deveria segui-lo; tinha ordens do comissário de prender-me e era obrigado a encaminhar-me ao magistrado.

Tive de obedecer às determinações do chefe de polícia, que, amparado no mandado que trazia, conduziu-me a uma casa de detenção, guardada por um carcereiro, no mesmo edifício da prisão. Quem tem meios para pagar 300 a 400 mil-réis (de 1 800 a 2 400 francos) pode, em vez de ser transferido para a prisão, permanecer ali.

Tratei de chamar rapidamente um advogado, o dr. França, que dirigiu ao tribunal de primeira instância, em meu nome, um pedido de libertação, uma vez que pagara aos irmãos Mendonça e que a queixa que tinham feito, razão da minha detenção, fora retirada.

Três dias se passaram sem uma resposta. Essa demora, contrária às determinações da lei, deu-me o direito de recorrer ao Supremo Tribunal de Justiça.

Meu advogado encaminhou, então, a esse tribunal, um pedido para que cessassem todas as ações impetradas contra mim. Logo que teve conhecimento de todo o processo, o sr. França notou que a única coisa que pesava contra mim era a referida acusação feita ao chefe de polícia pelos irmãos Mendonça. Foi com base nessa denúncia que o tribunal de primeira instância, a pedido do chefe de polícia, ordenou a minha detenção.

O sr. França endereçou outro pedido ao Supremo Tribunal, informando-o de que eu pagara aos irmãos Mendonça o valor referente aos livros vendidos e que lhes devolvera os que não tinham sido vendidos; e que, em razão disso, não deveria permanecer detido; meu advogado reclamava ainda da conduta arbitrária do chefe de polícia.

O Supremo Tribunal proferiu imediatamente uma sentença, cujo conteúdo é o que se segue:

> Analisadas as peças do processo, concluiu-se que o demandante foi injustiçado pelo juiz do bairro da Candelária, ao ser condenado no presente processo — como prova o demandante em seu pedido. É ponto assente, pelos autos do processo, que a circunstância relatada pelos acusadores no seu pedido ao juiz não poderia dar lugar a nenhuma reclamação, uma vez que decorre desse pedido que o autor era apenas um comissionado, encarregado da venda dos livros em questão; obrigado, todavia, a prestar contas; caso não o fizesse voluntariamente, os acusadores deveriam exigi-lo por todos os meios legais.
>
> Portanto, o juiz não deveria ter recebido tal reclamação, muito menos ter declarado o reclamante culpado; embora os acusadores usem o pretexto de que o queixoso pretendia fugir com a propriedade de outrem, acusação que não provaram, e que, portanto, o artigo da Lei, Liv. v, Cap. 66, não tem relação com o presente caso. Além disso, o pretexto de acusação contra o queixoso não poderia, de forma alguma, justificar a entrada em sua casa ou a sua prisão. Como resultado, o juiz retificará seu mandado e liberará o reclamante. (Rio de Janeiro, 15 de setembro de 1827, Maio, Albuquerque, Barboza)

Fui imediatamente liberado. Passei onze dias na prisão; corri para tirar satisfações com o chefe de polícia. Ele não se furtou a responder às minhas questões e expressou seu pesar pelo ocorrido, aconselhando-me a esquecer o caso. Diversas pessoas ilustres que sabiam dos meus infortúnios em Buenos Aires, ao tomarem conhecimento dessa nova acusação, julgaram por bem me fazer uma visita e explicar a participação que tiveram nas minhas muitas desgraças imerecidas. O incidente não prejudicou meu estabelecimento, pois todos consideraram injusta a causa da minha prisão.

A essa altura, chegaram ao Rio de Janeiro jornais de Buenos Aires que traziam o relato da minha absolvição e libertação, o que só tornou mais evidente a minha inocência, ficando quase provado que os irmãos Mendonça eram agentes contratados pela polícia para encontrar uma maneira de me prender.

Meu estabelecimento cresceu ainda mais; de todos os lados, traziam-me mercadorias dos mais variados tipos; mas estava desgostoso com os negócios. Concluí que os benefícios não compensavam o incômodo que experimentara, e decidi, a partir de então, abandonar o comércio e retomar as minhas viagens de observação de países estrangeiros.

Embora estivesse no Rio de Janeiro havia somente dois meses, travei amizade com vários comerciantes que conheciam Angola; suas histórias despertaram minha curiosidade e fizeram nascer em mim o desejo de explorar esse país ainda tão pouco conhecido. Desisti, pois, de ir para a China.

As remessas que esperava da Europa não tardariam a chegar. Tratei, então, de vender o meu estabelecimento, que, depois da minha partida, continuou a operar com o mesmo nome comercial; quando retornei da África, ele ainda existia, mas instalado em outra casa, numa outra rua da cidade.

Os preparativos para a viagem que estava prestes a empreender não foram longos, pois tinha em minhas lojas os tecidos e vidros de que precisava. Reservei minha passagem a bordo de um navio que estava pronto para partir, coloquei dois mulatos ao meu serviço e comprei escravos que serviriam de intérpretes.

Três dias antes da minha partida, vendi alguns lingotes de ouro a Marie O'Brien, que deveria me pagar 24 horas depois. Prazo encerrado, cobrei o meu pagamento. Ela respondeu que havia repassado os lingotes, mas que dera um prazo de um mês para o comprador e não poderia me pagar imediatamente.

Uma discussão muito acalorada se seguiu a essa explicação, tão acalorada que O'Brien me pegou pelo pescoço e quis me estrangular; o que não ocorreu, porque lhe dei um tapa. Tornei-me culpado de um delito que, no Brasil, é punido com muito mais severidade do que o roubo numa estrada. Testemunhas não houve, mas neste país não é difícil obtê-las, desde que se pague — e não são caras.

Tal circunstância era apropriada para uma pessoa que não queria pagar, e O'Brien resolveu aproveitar para se livrar de mim e de sua dívida de 1 conto e 200 mil-réis (cerca de 6 mil francos).

As três testemunhas exigidas por lei logo se apresentaram. Depois de prestarem o juramento, testemunharam perante o juiz que tinham me visto dar uma bofetada em O'Brien. Baseado em tal testemunho, o tribunal emitiu um mandado de prisão contra mim. O'Brien, sabendo que eu estava com muita pressa de embarcar para a África, supôs que, se me prendessem imediatamente, tentaria um acordo para não atrasar meus planos, dando-lhe um recibo do que me devia; e que, por esse meio, seria liberada de qualquer obrigação para comigo; de minha parte, ficaria feliz em remover um obstáculo à minha partida imediata. O mandado, no entanto, não foi executado; também não tomei nenhuma providência, deixando tudo como estava.

Parti para o Congo em 15 de outubro de 1827 e lá permaneci por quase três anos. O relato dessa minha viagem detalha o que aconteceu comigo durante esse tempo.[2]

DESCRIÇÃO DO RIO DE JANEIRO

A cidade do Rio de Janeiro é muito bem construída; tem uma extensão considerável, e contém em seus domínios várias elevações, cujos cumes são ocupados por conventos. As ruas são tão estreitas que os cabriolés que são usados, grandes e feios, quase não podem circular quando se encontram.

A baía é de uma extensão imensa e apresenta uma vista admirável pelo aspecto das costas que a rodeiam e das ilhas que se elevam na sua superfície. O porto e o cais são adequados, mas todo o encanto que esse conjunto apresenta é apagado, à noite, por inconvenientes muito reais.

Por volta das cinco horas, barris de imundície saem de todas as casas e se dirigem ao porto, espalhando um fedor insuportável e enchendo o ar deste país quente com um miasma nocivo. Frequentemente, os transeuntes são infectados, durante o dia, andando atrás dos barris carregados pelos negros dos ricos que, contrariando as ordens da polícia, impotente contra eles, não puderam realizar essa operação no início da noite.

Algumas casas têm dois pisos, a maioria, apenas um, e muitas têm apenas o piso térreo; são casas construídas em pedra, unidas por uma argamassa feita com uma mistura de cal, areia e terra. Internamente, são muito mal distribuídas.

As igrejas e os conventos são numerosos e ricos. Os clérigos são poderosos e muito respeitados. Durante a Quaresma, praticam-se aqui todas aquelas cerimônias que somente o fanatismo é capaz de conceber. Durante toda a semana, os membros de uma das irmandades, ligada a uma das muitas igrejas, organizaram procissões, em que eram levados bonecos representando Jesus Cristo coberto de feridas e sangue. Meninas, imitando anjos, ora vinham consolar seu mestre, cercando os bonecos, ora caminhavam em meio à procissão. Todas estavam ricamente vestidas, mas sem gosto; as suas anáguas eram bordadas em ouro e separadas do corpo por uma estrutura circular; tinham asas e traziam nos cabelos todos os diamantes que seus pais puderam conseguir para a ocasião. Infelizmente, esse traje não lhes era muito vantajoso, pois, cobrindo somente até o joelho, deixava à mostra um pé e uma perna de um tamanho nada gracioso.

Logo na manhã do sábado, esquece-se a tristeza suscitada pela Quaresma. Tal como em Buenos Aires, o dia é dedicado apenas ao traidor Judas; outra é, no entanto, a forma que encontram para manifestar o horror que seu crime inspira.

De madrugada, por todo lado, começam os preparativos para uma queima de fogos destinada à execução de Judas. Bonecos, representando homens e mulheres ricamente vestidos, personagens grotescos, como arlequins, pierrôs, espantalhos, animais domésticos e selvagens — alguns em poses singulares, como um boi dando o pé a uma senhora muito elegante —, são amarrados em postes muito altos, que se comunicam por cordões de fogos de artifício. Acima dessas figuras ergue-se uma grande árvore, onde estão suspensos dois manequins: um deles é preto, tem asas, cabeça de dragão, cauda e garras, é o diabo, o outro que ele segura é Judas.

Às dez horas, quando toda a multidão está reunida, os fogos de artifício são acesos e os manequins rodopiam no ar; o demônio, em chamas, cai sobre Judas e o incendeia, ambos ardem por um bom tempo, até se desfazerem em pó.

Os fogos de artifício produzem um belo efeito quando queimados à noite; às dez horas da manhã, em pleno sol e nos trópicos, só se vê fumaça. Mas não importa: ouvem o barulho da detonação dos fogos, riem-se, divertem-se e todos ficam felizes.

Aqui os enterros de adultos ainda são realizados à luz de tochas; é uma cerimônia de muita pompa. Os padres seguem o corpo num carro; os amigos do falecido o precedem a pé, com uma tocha na mão. As crianças mortas são vestidas com muito gosto, colocadas num tablado — que um negro leva sobre a cabeça — e enfeitadas com flores e vegetais, como ramos de salsa, folhas de repolho e alface, cenouras etc.

Embora o clima seja quente, há poucas doenças por aqui. A maioria dos estrangeiros, nos primeiros três meses de estadia, está muito propensa a desenvolver uma erupção cutânea denominada *sarna*; não é perigosa, mas muito inconveniente.

O brasileiro cuida de seus negócios até as onze da manhã, em seguida se recolhe e dorme até as duas da tarde. Depois de acordar, janta e, à noite, diverte-se.

Em quase todas as esquinas, de quase todas as ruas da cidade, há estátuas de santo que os moradores da paróquia celebram uma vez por ano, ao som de música, acompanhada de boa comida; o resultado é sempre a completa embriaguez e todas as desordens decorrentes de tal estado.

A água potável é trazida para a cidade por um aqueduto, uma água não muito salubre. Os negros a vendem nas ruas, dentro de uns barris do tamanho dos baldes usados na Europa e também abertos numa das extremidades, que carregam na cabeça. Em tempos de seca, o preço do barril de água chega a vinte centavos. A escassez que muitas vezes se abate sobre a cidade é culpa do governo, que parece não entender que o número de fontes que era suficiente trinta anos atrás, hoje, que a população dobrou, não é mais.

O Passeio Público é pequeno, ocupando uma área que não chega a cem braças quadradas, e muito malconservado. O mar degradou uma das paredes, que vem sendo reparada com aquela lentidão que caracteriza o brasileiro.

O teatro é amplo e bem construído, mas não é muito favorável ao som da voz, que se perde facilmente. O camarote do imperador ocupa os fundos. Apesar do calor, a sala geralmente está cheia. Lá são representadas muitas peças francesas, traduzidas para o português. Respira-se aí um ar muito ruim e aquele odor fétido que vem de uma grande reunião de pessoas que não têm a limpeza como a sua virtude favorita.

As tipografias são numerosas; muitas brochuras e jornais têm sido publicados; começa a se desenvolver no país o gosto por ler obras de literatura e por falar sobre elas.

O salão onde os deputados se reúnem, embora pequeno, é muito bonito; mas a pouca dignidade que os legisladores mantêm durante as sessões só é tolerada num país como o Brasil. É triste ouvir esses personagens injuriarem-se mutuamente, dirigirem-se a personalidades mencionando a sua intimidade e negligenciando os assuntos da nação.

Talvez não seja descabido citar, sobre essa falta de compromisso dos deputados, o discurso do imperador ao encerrar a sessão de 1828:

> Senhores Deputados, venho encerrar esta sessão. Lamento que as sessões se sucedam sem que os senhores se ocupem da Justiça e das Finanças, que se encontram num estado deplorável. Virá o tempo em que, esquecendo das querelas particulares, dos embates de palavras, os senhores se dediquem mais à coisa pública e à felicidade do brasileiro? A sessão está encerrada.

Os senadores não são mais ciosos de sua dignidade do que os deputados; as sessões também se resumem muitas vezes a insultos pessoais.

Há somente escolas de ensino fundamental no Rio de Janeiro; a universidade fica na cidade de São Paulo. A biblioteca pública é pequena; não há uma única obra de literatura publicada nos últimos 25 anos. A instituição está aberta todos os dias, os leitores, no entanto, são raros. O gabinete de história natural é rico, mas os objetos não contam com uma classificação metódica: veem-se peixes perto de pássaros, cobras perto de mamíferos, borboletas perto de patos, pedaços de ouro misturados com amostras de chumbo — um verdadeiro caos. Começa-se a cuidar da classificação dessa bela coleção, mas o trabalho não avança e, provavelmente, vai demorar muito para ser finalizado.

O palácio do imperador é apenas uma casa portentosa, e o palácio de São Cristóvão, localizado fora da cidade, simplesmente uma casa de campo acessível a um francês opulento.

Os cafés e hotéis são abundantes, limpos e até elegantes. Num país onde os estrangeiros são numerosos, onde o comércio atingiu certo grau de importância e onde a correspondência é muito ativa, é surpreendente que ainda não tenham pensado em criar um sistema de distribuição de cartas. Ninguém as recebe em casa; quando chegam, os escriturários elaboram uma lista organizada em ordem alfabética numerada, que depois é exibida numa sala; cada um entra e indica os números daquelas que deseja — e lhes são entregues. A administração não toma precaução alguma para averiguar se as cartas pertencem àqueles que as reclamam. Há queixas frequentes de que as cartas foram entregues a pessoas que não tinham o direito de as retirar; são comuns os roubos e desvios, e nenhuma medida é tomada para remediar tamanha desordem. Meia dúzia de comerciantes conseguem receber suas cartas em casa, pois pagam gratificações aos funcionários, que as separam das outras.

Diversas manufaturas e fundições de metal têm sido estabelecidas no Brasil. Funileiros ganham razoavelmente; há ainda muitos litógrafos, gravadores e impressores de talho-doce. Embora os salários dos artesãos sejam altos, não são suficientes para as suas necessidades. Em vez de passarem os domingos e feriados descansando como na Europa, são obrigados a trabalhar para sustentar suas famílias.

A carne de açougue é cara e muito ruim. A carne de porco não é salubre, porém é a mais comum. A carne de ave é boa, mas excessivamente cara. A laranja é a única fruta barata.

Os peixes são abundantes e, no entanto, são vendidos a um preço exorbitante, porque o governo mantém, sobre um artigo de primeira necessidade para o país, um imposto, leiloado a cada três anos, que é deixado ao arbítrio de um único indivíduo. O adjudicatário está autorizado não só a arrecadar um décimo do preço do pescado, como também a estabelecer, todos os dias, o preço do produto de acordo com a sua fantasia. Quando os barcos de pesca ancoram, o adjudicatário calcula a seu gosto o preço do peixe que trazem. O comprador, para revendê-lo, deve acrescentar imediatamente um décimo ao preço estimado, embora não tenha comprado o produto tão caro; o que diminui ainda mais as probabilidades da venda. O adjudicatário, para ter um lucro maior, sempre atribui preços muito elevados; segue-se que o público nunca consegue adquiri-lo a um preço moderado.

No leilão ocorrido durante minha estadia no Rio de Janeiro, aconteceu um fato que deveria ter despertado a atenção das autoridades, se lhes fosse possível abandonar os seus velhos hábitos.

O arrematador usual estava tão acostumado a não ter concorrência, que já considerava o negócio como seu. A escritura de sentença tinha sido lavrada com antecedência e só faltava assiná-la. Todavia, dessa vez, um particular deu um lance no momento em que o direito seria concedido ao licitante de costume. A surpresa foi geral, mas rapidamente o antigo licitante deu um lance mais alto e, aos poucos, o preço do contrato subiu para o dobro do costume. O negócio permaneceu com o antigo dono, e seu concorrente, no momento em que parou de puxar o preço para cima, disse-lhe: *O senhor se lembra da taxa exorbitante que me cobrou por um peixe que comprei há algum tempo, quando ancoravam os barcos de pesca. Agora estou feliz, porque estou vingado; fiz o senhor pagar muito mais pelo serviço que tão rigorosamente cobra.* Não é a mim que o senhor prejudica, respondeu o licitante, quem vai pagar esse excedente é o público. Deus me livre de reduzir meus lucros. É certo que essa resposta deveria ter deixado claro para o governo quão absurdo é largar ao arbítrio de um homem o poder de fixar um imposto que pesa sobre o público e que é um verdadeiro aborrecimento para todos os consumidores.

Em todos os setores da administração, os funcionários são negligentes e, por vezes, insolentes. Pelo menos duas vezes por semana não aparecem em seus escritórios e, quando comparecem, chegam tarde e saem cedo.

A alfândega é, de toda a administração, a que demanda a maior reforma. Um grande número de objetos não está sujeito a um preço fixo. Às vezes, cobram taxas enormes, às vezes, quase nada. É digno de nota que qualquer coisa para uso dos estrangeiros é, frequentemente, avaliada por um preço tão alto que o imposto excede o valor real do item.

Os arredores do Rio de Janeiro já foram muito descritos; não vou repetir tudo o que foi dito sobre o encanto e a variedade que a natureza aqui exibe. Praia Grande, na orla da baía oposta àquela onde fica a capital do país, abriga muitas casas de campo; é aí que muitos procuram divertimento. A região conta com um ar fresco e saudável, e abastece o Rio de Janeiro com grande quantidade de leite, feno e madeira.

Os embaixadores estrangeiros e os homens mais opulentos escolheram as freguesias de Botafogo, Glória e Catete para instalarem as suas habitações. A população desses lugares aumentou tanto que estes quase poderiam ser considerados parte da cidade, à qual estão unidos por um caminho que não é mais do que uma rua que segue o contorno da orla marítima.

A sequência de casas só é interrompida por ruelas que terminam no campo. Ingleses, franceses, alemães e italianos são os estrangeiros que mais são encontrados no Brasil.

Os ingleses formam um corpo compacto e unido. Atacar um é atacar todos; se defendem e apoiam uns aos outros não por apego mútuo, mas em razão de seu espírito nacional. Por meio de seus tratados com o governo brasileiro, gozam do privilégio de ter juízes particulares. Os franceses, com ciúme e inveja um do outro, nunca se unem. Quem ataca um francês encontra, com certeza, entre os seus compatriotas, auxiliares dispostos a incomodar, prejudicar e oprimir o seu conterrâneo em caso de necessidade. Um francês cai em desgraça: raramente encontra entre seus compatriotas alguém que venha em seu socorro. As prisões estão cheias deles, infelizes que, por falta de dinheiro ou de amigos, ali definham há anos, cumprindo pena por delitos que, embora muito leves na Europa, são puníveis de acordo com as leis do Brasil; caso alguém se interessasse por seus destinos, rapidamente sairiam dali.

Os alemães apoiam-se mutuamente e às vezes se ajudam uns aos outros. É uma gente extremamente dúbia, o que contrasta com seu ar de bonomia e simplicidade. Foi para fazer fortuna que cruzaram os mares, e querem enriquecer de qualquer maneira. Os italianos, embora muito unidos, prejudicam-se uns aos outros, mas são solidários no infortúnio.

O luxo avançou muito no Rio de Janeiro, todo mundo quer ter a sua carruagem. As mulheres procuram se superar investindo na elegância dos seus ornamentos. Quando saem às ruas, estão sempre vestidas com roupas de cetim ou tule, bordadas em ouro e prata; trazem a cabeça nua, adornada somente com algumas flores; um rico xale cai sobre os seus ombros, sapatos de cetim colorido calçam os seus pés, trazem um leque nas mãos e caminham sempre com um ar desprendido. Essas senhoras não somente arruínam os seus maridos, como aceitam doações dos homens que as cortejam. Deve-se salientar, no entanto, que os seus maridos muitas vezes as negligenciam, trocando-as por amantes e por mulatas jovens e muito inconvenientes.

Mulatas e negras também gastam muito; andam pelas ruas com vestidos de cetim branco com orla amarela ou de tule preto com orla branca; os sapatos são de cetim em várias cores; trazem um xale jogado casualmente nos ombros, flores nos cabelos e, arrematando a composição, o indispensável leque.

Em dias de festa, a variedade de roupas é tão grande que a vista das ruas movimentadas se transforma num divertimento. Durante a noite, a igreja que celebra o seu padroeiro é iluminada e fogos de artifício são disparados em frente à sua porta.

As noites desses dias de festa acabam em bebedeira, comilança e muita dança. E, se a comemoração é no campo, pode-se imaginar o resultado do encontro de tantas pessoas, sob um clima quente, em busca somente de prazer.

A vontade do juiz substitui a lei no Brasil; muitas vezes é tão flexível quanto a fortuna dos réus. Escrivães e juízes inferiores enriquecem às custas dos miseráveis que jogam nas prisões; nada é mais fácil do que mandar prender um homem, basta acusá-lo com três testemunhas; imediatamente, sem que ele tenha sido ouvido e sem mais formalidades, expede-se um mandado de detenção contra ele. Uma vez na prisão, o detido pode acionar os seus meios de defesa e, se tiver dinheiro, qualquer que seja o crime que tenha cometido, logo será libertado; se for pobre, porém, é certo que será vítima do ódio de seu adversário e será condenado a uma sentença proporcional à gravidade de sua ofensa.

Independentemente da natureza da acusação ou do resultado — condenado ou absolvido —, quem foi preso não pode sair sem pagar os custos do processo. Ainda que seja considerado inocente, se não tiver o suficiente para pagar, permanecerá detido até que uma mão amiga lhe abra as portas.

Os oficiais de Justiça, os escrivães e os carcereiros não têm outro salário senão aquele que exigem dos presos, o que os torna implacáveis. O juiz, cujo salário é muito modesto embora receba uma taxa em todos os procedimentos, para sustentar sua família no luxo, de boa vontade empresta o seu mister a todas as injustiças; são homens que com facilidade satisfazem a sua consciência dizendo: *O acusado tem o direito de se defender; farei justiça se ele provar que é inocente e acatarei o seu recurso contra o acusador.*

O imperador concede os lugares de escrivão e carcereiro aos seus antigos servidores que já não são capazes de cumprir suas funções mas que têm o direito de designar outras pessoas para as desempenharem. O lugar de escrivão, sobretudo, é muito valorizado. É ele quem recebe todos os depoimentos. A bem da verdade, o juiz limita-se a assinar o mandado de prisão, pois consulta o escrivão para tudo: cumprir as formalidades, ouvir as testemunhas e mesmo para saber se deve dar ao caso mais ou menos importância.

O número de escrivães é limitado e, se um deles utiliza o seu cargo para praticar uma injustiça, é extremamente difícil apresentar queixa contra ele, já que seus colegas se recusam a recebê-la. Para mais, o juiz, que muitas vezes consentiu com o fato de que o escrivão é acusado, também se recusa a ouvir o reclamante no seu tribunal; se a parte lesada insistir, ele tem o poder de expulsar todos do tribunal. Quando o caso é grave e o ofendido recorre ao imperador, os escrivães encarregados do processo por ordem do imperador dão-lhe um rumo que suaviza os erros do colega; depois de gastar muito dinheiro, não se obtém justiça.

A lei dos inadimplentes é viciosa. Para obter um mandado de apreensão de bens de alguém, basta declarar que a pessoa deve e que três testemunhas afirmaram que ela se prepara para deixar o país. Por mais improvável que possa parecer a declaração do requerente, o juiz invariavelmente ordena a apreensão dos bens do suposto devedor.

O que agrava ainda mais esse estado de coisas é a venalidade dos oficiais de Justiça, que costumam agir rápido e de acordo com a vontade do credor. O oficial imediatamente se apodera de coisas que correspondem a pelo menos dez vezes o valor da dívida e, sobretudo, dos objetos que são mais necessários ao real ou suposto devedor.

Os bens apreendidos são depositados em local destinado a esse fim, onde permanecem até a conclusão do julgamento. Todavia, como neste país é impossível ver um processo encerrado em menos de quatro ou cinco anos — mesmo pagando generosamente a juízes e escrivães para que não deixem os documentos do processo dormindo em suas gavetas —, os objetos depositados em juízo deterioram-se e perdem seu valor, tanto que, na hora da venda, seu produto mal dá para pagar a dívida real ou suposta. Em alguns casos, só resta ao lesado mover um processo, demandando uma indenização da pessoa que causou as tais perdas, processo que vai se estender por mais cinco ou seis anos.

Uma circunstância confere a essa maneira de conduzir a justiça um caráter ainda mais cruel. Frequentemente, os escravos apreendidos morrem na prisão em razão da má alimentação e dos maus-tratos; com a sua morte, o real ou suposto credor ganha o direito de proceder a uma nova apreensão, pois nesse caso o devedor é obrigado a arcar com a perda do escravo.

É comum por aqui homens prósperos se verem repentinamente arruinados e reduzidos à miséria por terem sido alvo de patifes... O estrangeiro está especialmente exposto a tais fraudes, pois sempre pesa contra ele a presunção de que pode deixar o país.

O europeu que, vitimado na sua terra por acontecimentos infelizes ou pela iniquidade dos homens, atravessa o oceano em busca de remédio para seus males no Novo Mundo, geralmente fica desapontado e descobre serem falsas as esperanças que alimentou. Tudo, ao longe, parece sorridente, mas o bezerro de ouro desaparece quando ele põe o pé no solo desses países. De todas as belas descrições, de todas as perspectivas magníficas oferecidas por homens interessados na emigração, restarão somente as lembranças daqueles momentos felizes que teve quando resolveu emigrar e a esperança de felicidade bateu à sua porta novamente. Porém, se for trabalhador e organizado, certamente encontrará um lugar para morar no Brasil, mas não poderá economizar dinheiro e muito menos adquirir uma certa prosperidade se não dispuser de algum capital.

Todas as leis que devem protegê-lo são inócuas perante um juiz venal. O ouro que acreditava encontrar pelos caminhos só se ganha com muito sacrifício e trabalho. A alardeada bondade dos habitantes só aparece quando não é necessária. Os tratados sobre o direito dos franceses somente existem nos arquivos do Estado. À desilusão segue-se a saudade do solo nativo e dos amigos, sempre solidários no infortúnio.

E ver suas esperanças de fortuna desfeitas não é o único inconveniente a que o fugitivo da Europa está exposto. Existem outros, maiores ainda, que são difíceis de imaginar quando não se conhecem por experiência própria. Na Europa, ao menos em grande parte dos países que a compõem, naqueles administrados de acordo com as regras da equidade e da razão, o homem que não transgride as leis tem certeza de não cair nas mãos da Justiça. Pode-se, pois, dizer que, exceto em casos quase improváveis ou que escapam completamente ao seu controle, um homem não será preso, e, caso esse infortúnio lhe aconteça, não ficará detido por muito tempo. O mesmo não acontece no Brasil: a pessoa é presa por questões bastante triviais e imediatamente sente toda a gravidade de seu infortúnio.

Ficar preso na Europa é uma coisa muito desagradável, mas no Brasil é terrível. Quem, no entanto, ao ser detido, tiver 60 mil-réis, pode tornar a sua estadia mais agradável, pois o carcereiro, amolecido pela visão do ouro, leva-o para uma das salas reservadas às pessoas que protege, não mais que umas quarenta ou cinquenta. Entretanto, se o recém-chegado não dispõe da soma necessária para ganhar a benevolência do cérbero, é jogado numa cela comum, onde encontra uns poucos brancos em meio a duzentos, trezentos negros acorrentados uns aos outros, que a todo momento fazem ouvir os ecos do som lúgubre dos seus ferros.

A visão desse horrível depósito, onde o infeliz que entra tem a certeza de que permanecerá pelo menos dezoito meses antes que possa provar a sua inocência, deve produzir sobre ele uma impressão tão terrível, que custo a entender como, ao ser jogado nesse lugar infernal, não tente arrancar a própria vida.

E não pense que para ser lançado nesse inferno é preciso ter cometido um crime horrível; não, isso não é verdade, basta discutir com alguém e a pessoa, para se vingar, alegar que foi agredida. Em geral o suposto agressor é preso mediante a mera acusação; o agredido apresenta queixa e rapidamente obtém um mandado de prisão contra aquele que supostamente o agrediu. Uma vez na prisão, o preso não tem outro recurso a não ser entrar num acordo com o seu acusador, que pode, a seu critério, retirar a queixa e obter a libertação do detido.

Imagine a tortura que é para um europeu, acostumado ao clima de países temperados e incomodado pelo calor do verão, ficar confinado no Brasil numa prisão onde o ar, naturalmente sufocante, torna-se, em meio a um sem-número de prisioneiros, irrespirável. A atmosfera aí se assemelha àquela produzida por um fogão a lenha que exala vapores pestilentos.

Eu, que fui criado na escola da desgraça, que estou acostumado a viver na privação e que procuro não sonhar com coisas fúteis, não pude evitar um sentimento de pavor ao cair nesse horrível lugar.

Durante os onze dias que passei na casa de detenção, quando fui preso a pedido dos Mendonça, por emissários da polícia mal informados, tive a oportunidade de andar pela prisão todas as horas do dia. Encontrei, no cômodo dos protegidos do carcereiro, denominado *sala livre*, um francês, homem muito respeitável que, durante uma violenta tempestade no meio da noite, havia aberto a sua casa e dado abrigo a dois estranhos que lhe pediram hospitalidade; eram ladrões. Os bandidos, no dia seguinte, foram presos, e com eles o dono da casa. O pobre obteve a sua libertação enquanto eu ainda estava detido; estava lá havia dezenove meses, porque era pobre e teve de aguardar dois meses pelo dinheiro necessário para custear o processo com o qual provou a sua inocência.

Encontrei também outro francês que, enquanto limpava uma pistola, teve a infelicidade de matar um de seus filhos pequenos. Preso para averiguação de que não o matara propositalmente, gemia atrás das grades. Embora o juiz estivesse convencido de que era inocente, a lei tinha que seguir o seu curso e o francês não tinha dinheiro para dar andamento ao processo. Por quatro meses, sua esposa e seus outros filhos choraram em vão, pois suas lágrimas não impressionaram o juiz.

Encontrei, ainda, na tal sala livre, um sargento que soube do roubo de dois barris de pólvora e não denunciou os culpados.

O infeliz aguardava havia três anos a sentença que puniria o seu silêncio — e depois ainda teria de cumprir a pena a que seria condenado.

Poderia citar muitos exemplos do mesmo tipo, poderia alongar-me sobre a insensibilidade dos juízes, que, por negligência, muitas vezes mantêm inocentes acorrentados, mas me contentarei em gritar: Ai daquele a quem se fecham os ferrolhos de uma prisão no Brasil, se não tiver muito dinheiro!

VICTOR JACQUEMONT
(1828)

Retrato de Victor Jacquemont

AO SR. JACQUEMONT PAI, PARIS.
RIO DE JANEIRO, 28 DE OUTUBRO DE 1828, A BORDO DE *LA ZÉLÉE*, NO PORTO.

Alcançamos o Rio de Janeiro no dia 28 de outubro. Na mesma noite, enviei uma carta a Porfírio, a primeira desde que saí de Brest. De resto, meu querido pai, é quase uma hora da manhã, estou sonolento, cansado — ainda que muito bem-disposto — e vou deixá-lo para ir dormir. O lugar é magnífico, nunca vi nada de tão belo, mas partiremos depois de amanhã e estou sobrecarregado cuidando dos detalhes da viagem.

14 DE NOVEMBRO

Há oito dias, por volta do meio-dia, ao sair do imenso porto do Rio de Janeiro, debaixo do melhor tempo do mundo, colidimos com um navio mercante ancorado. Estou certo de que eu, inábil que sou, nem propositalmente teria sido capaz de efetuar uma manobra tão desastrada. Feridos não houve, mas à custa de mastros quebrados e da lateral do navio afundada. É o contribuinte francês quem vai pagar pelo dano; estamos trabalhando nos consertos diariamente e amanhã retornaremos ao mar, reformados e mais bonitos do que nunca. Rimos muito do ocorrido na *Zélée*. Ao menos, estou contente de ter aprendido, por experiência própria, o que é uma *abordagem*.

Encontrei aqui, durante esses oito dias, os três filhos Taunay. Um deles é pintor e professor de pintura na Academia Imperial, o outro, major da cavalaria no Exército Imperial, e um terceiro, chanceler do consulado. Esta noite vou ver um tipo de animal extremamente raro na América: um imperador. Ao mesmo tempo, verei *L'italiana in Algeri*, pois é na ópera que pretendo desfrutar da visão desse *habilidoso valete*.

AO SR. ACHILLE CHAPER, NO MAR, ENTRE O RIO DE JANEIRO E O CABO DA BOA ESPERANÇA, QUARTA-FEIRA 10 DE DEZEMBRO DE 1828.

Resolvi, meu bom amigo, não esperar o desembarque no cabo para lhe escrever, pois não sei por quanto tempo ficaremos lá — provavelmente por um tempo muito curto — e, uma vez desembarcado, só terei olhos para as pedras, ervas, coisas e, se possível, para os homens do país. Além disso, o que eu diria de lá que não posso dizer daqui? Percorremos metade da distância da França à Índia, mas já se vão mais de três meses e meio desde que partimos. O navio não avança; tivemos ventos contrários frequentes e muita calmaria. No Rio de Janeiro, onde arribamos depois de termos desembarcado em

Tenerife, tentamos uma primeira manobra para sair do porto e danificamos o navio, o que nos obrigou a ancorar novamente para reparos, despendendo aí três semanas em vez de apenas uma, como planejado. Busquei consolar-me desse contratempo aproveitando a oportunidade para conhecer um pouco mais sobre este país que nunca mais voltarei a ver, um país pelo qual a natureza tudo fez e que os homens estragaram, arruinaram irreparavelmente! Já comentei com você sobre São Domingos e, sem dúvida, não lhe pintei um quadro brilhante daquele lugar. Pois bem, na minha opinião, São Domingos está mais perto da civilização do que o Brasil.

Pude ver no Brasil, pela primeira vez, a escravidão dos negros em grande escala determinar o regime da sociedade. Durante os vinte dias em que permaneci no Rio de Janeiro, presenciei a arribada de vários navios vindos da costa africana carregados com esses infelizes, todos cobertos de doenças terríveis, amontoados, confusos, pastoreados como animais no desembarque. Ao lado de tamanhos horrores, o luxo importado da civilização europeia. Os portugueses, do mesmo modo que os espanhóis, não têm pelos negros aquele desprezo, aquela repugnância física que poucos ingleses e franceses conseguem evitar. Ambos também não criaram contra os negros o sistema de humilhações apurado dos colonos da Jamaica e de nossas Antilhas; mas não são menos violentos e cruéis. Debaixo de sua vara, os negros vivem pouco e morrem sem se reproduzir. As inclinações dessa raça infeliz devem ser muito doces e muito inocentes, muito pusilânimes, somente isso pode explicar que a vingança e o crime não sejam mais comuns do que são no Rio de Janeiro.

Os senhores, com suas casacas europeias impecáveis e mesmo elegantes, são, sob muitos aspectos, tão depravados pela escravidão quanto os negros estúpidos. Eu os vi pessoalmente com seus penduricalhos de ouro na casaca, com suas medalhas cravejadas de diamantes, suas comendas, seus títulos, sua ignorância, sua covardia, sua improbidade; vi e fiquei enojado. Procurei na sociedade uma classe média, trabalhadora, econômica, honesta, respeitável; não existe. Abaixo da canalha dourada, no limite, encontrei somente escravos negros ou gente de cor liberta, muitos proprietários de escravos — e os piores de todos os proprietários.

É isso uma nação? E não é esse o retrato de todos os novos Estados independentes, desmembrados da América espanhola? As raças espanhola e portuguesa não são mais civilizadas no Novo Mundo do que são no Antigo. A liberdade aí é somente nominal. Mas o que é a liberdade? Um objetivo ou um meio? É algo que pode bastar-se a si próprio? Meu amigo, você verá no que irá se tornar a América intertropical com sua liberdade; tornar-se-á o que era antes: um país sem habitantes e sem riquezas, porque aqui não há trabalho. Trabalho e economia, eis as grandes virtudes; a liberdade é preciosa somente quando empregue em laborar e poupar. É admiravelmente utilizada nos Estados Unidos, pois a raça inglesa, que povoou todo o norte do Novo Mundo, é eminentemente industriosa e ordeira. Já comentei com você como os americanos do norte, com a sua livre concorrência, esmagam o comércio francês. Pergunto-me o que farão os espanhóis que são seus vizinhos no México?

O despotismo colonial extremamente temperado, que reina ainda no Canadá, atrapalha o desenvolvimento de sua indústria, pois se impõe à população inglesa, de tendência expansiva, e obstrui o seu princípio de crescimento e força. No Brasil, o que a forma monárquica de governo conservou de mais opressor e vexatório, ainda que fracamente, defende o país contra um princípio oposto de decadência e pusilanimidade.

Os negros escravos são os únicos que trabalham no Brasil. Pare o tráfico, acabe com a escravidão, e não restará mais atividade produtiva no Brasil. Fuzile ou deponha o imperador d. Pedro, desmembre essa monarquia em diversas pequenas repúblicas confederadas, e a anarquia se espalhará por todos os lados, a revolta negra ganhará força e os brancos, em muitos lugares, serão massacrados. O único modo de escapar a isso é manter o atual estado das coisas; o que é desesperador.

Deve ter chegado aos seus ouvidos, antes de ter recebido esta carta, que Bolívar se fez rei; eu desejo que tenha sucesso. Nossos amigos chamarão isso de traição; lamentarão miseravelmente tê-lo comparado a Washington, porque teria violado os princípios da liberdade, uma liberdade vã e inútil. Recusam-se a entender que um líder despótico é mil vezes preferível à terrível anarquia que está devastando as novas repúblicas americanas. A liberdade é um luxo para quem não tem pão nem civilidade.

Tenho procurado passar o tempo de travessia com tranquilidade. Reina, entre todos os habitantes desta prisão flutuante, a mais completa harmonia. Mas tudo é muito vazio, muito monótono. Desde que embarquei, vivo de prosa; é o regime dos marinheiros e devo curvar-me a ele. Você acredita que existe alguma poesia na vida dos marinheiros? Olhe que você pode se enganar! Nada se parece mais com um claustro do que um navio de guerra. Todo dia é igual, a cada hora repetem-se periodicamente os mesmos exercícios. Nenhuma preocupação com o exterior e, no interior, a certeza do almoço pela manhã, do jantar à noite; a certeza, no fim da noite, de encontrar a cama feita e, no dia seguinte, ao acordarmos, roupa lavada para mudar. Tamanha estabilidade pode moldar uma vida estudiosa. Mas é preciso estar atento. O dia se arrasta, pode-se despendê-lo com conversas, com tolices [...].

AO SR. DE MARESTE, PARIS.

A BORDO DA *ZÉLÉE*, NO MAR, 11 DE DEZEMBRO DE 1828.

A *Zélée* não anda, como você pode constatar pelo pouco que avançamos desde 26 de agosto, quando deixamos Brest. Perdemos apenas quatro dias em Tenerife e 21 no Rio de Janeiro, mesmo assim creio que estamos mais distantes do cabo que do Brasil. Essas travessias são simples se comparadas à primeira viagem que fiz, em pleno inverno, da França para os Estados Unidos. Tendo a acreditar que a minha estreia no mar foi bastante movimentada, pois vi, mais tarde, gente se exasperar por causa de pequenas rajadas de vento que eram rotineiras nessa minha primeira viagem. Resulta daí que sou mais do que nunca o "senhor sem tempestades" e, se eu não vir em Bourbon[1] um furacão reduzir alguns navios a canela, não serei demovido dessa ideia.

O Brasil é a abominação da desolação. Imagine algumas centenas de viscondes e marqueses, com penduricalhos de ouro no casaco, cinco ou seis medalhões de ouro ou prata, cravejados com diamantes de todas as cores e tamanhos; ignorantes, sem nenhuma coragem, todos servindo aos desejos do imperador; abaixo deles, nenhum Terceiro Estado digno de respeito, somente um pequeno grupo de retalhistas, patifes quase brancos; mais abaixo ainda, um número enorme de escravos negros — todos quase nus —, que vivem alguns poucos anos e geralmente não se reproduzem. Todos são obrigados a trabalhar sob a mira de um chicote. Uma pequena porção do seu trabalho é para alimentá-los e dar-lhes um cinto e uma calça; o resto é usado para pagar as carruagens, as camisas de batista e as meias de seda dos trezentos marqueses. Deponha d. Pedro e todas as províncias irão se separar em repúblicas federativas, a anarquia avançará por todo lado; logo virão as revoltas dos negros e não haverá mais no Brasil a dominação europeia. Manter o imperador mas abolir o tráfico de escravos resultará no fim das atividades produtivas e não se gerará mais renda para ninguém. Todos terão de partir para não morrer de fome. Aí, você encontrará pelos antros de jogatina de Paris, Cádiz e Londres trezentos senhores elegantes, com suas comendas e penduricalhos de ouro. A única solução possível é a manutenção do *status quo*. O imperador, um sincero admirador das teorias constitucionais do sr. Constant,[2] está convencido de tais limites e atento a eles conduz o seu governo. O imperador vive o dia a dia: depois de mim, o dilúvio. D. Miguel é muito querido no Rio de Janeiro, pois foi ele que consumou a separação entre Brasil e Portugal.

Os poucos jornais políticos do país são redigidos por estrangeiros, geralmente franceses. O imperador não pode impor a seus súditos, a seus *macacos*, como os denomina — muitas vezes lhes diz que são apenas *macacos malvados* —, a liberdade de imprensa. A liberdade é consagrada na lei, mas os costumes do país são contrários. Diversos jornalistas, por terem dito verdades, foram espancados nas ruas à noite. Isso desgostou os outros, que passaram a não dizer mais nada. Para mais, ninguém iria custeá-los.

Cenas de violência são frequentes no Rio de Janeiro. Por pouco não fui atingido por um tiro de pistola de um ladrão em fuga, tiro dirigido às pessoas que o seguiam. O infeliz foi capturado, amarrado e levado para a casa da guarda do palácio, localizada no vestíbulo do imperador. Lá, o seu caso foi tratado à moda turca: os oficiais e soldados discutiram se o capturado deveria ser solto, espancado ou morto. Os oficiais, mãos para trás e charuto na boca, somente observavam a cena. Os soldados socaram, então, o preso até lhe quebrar um braço, depois o prenderam. Naquela mesma noite vi um negro espancar outro até a morte no meio de uma praça. Disseram-me que se tratava de um pai que matou o próprio filho, pois este queria assassiná-lo. O escravo não foi preso. A lei aqui quase nunca condena à morte, nem mesmo os escravos; e quando, por acaso, há uma execução, é uma consternação geral na cidade. Os devotos celebram missas nesse dia pela salvação da vítima. Quase todos os crimes, todos os delitos, levam indiscriminadamente às galés, que são horríveis. A administração da Justiça nem sequer distribui comida com regularidade nas prisões. Os prisioneiros vivem de esmolas; quando as esmolas não vêm, morrem de fome se o chanceler não lhes mandar bananas.

A Marinha brasileira é composta de dois navios e algumas excelentes fragatas, que contam com tripulações estrangeiras razoavelmente boas, mas tão mal comandadas por oficiais nativos, que a menor divisão francesa, inglesa, americana ou holandesa, em poucas horas, não deixaria uma única tábua dessas embarcações flutuando.

O almirante Roussin, ameaçando que tudo destruiria, recebeu do governo a promessa de que o que fora confiscado do comércio francês no Rio da Prata seria devolvido — creio que será necessário ir às vias de fato para receber essa indenização.

Os americanos há tempos mantêm somente uma corveta estacionada no Rio de Janeiro; no entanto, nunca ousamos nos meter com eles. É verdade que não gostamos deles, mas os tememos. É gente que não ouve zombaria calada; o capitão dessa mesma corveta, em tom de ameaça, disse uma vez ao almirante brasileiro no Rio da Prata que afundaria a sua embarcação e toda a sua esquadra, até o último homem, se ele ousasse visitar um navio de sua nação, forçando um bloqueio que ela não reconhecia.

Parece-me, meu amigo, que a França está rapidamente voltando ao descrédito que conheceu no exterior em torno de 1760, na época da juventude de Alfieri. As pessoas riem-se de nós por todo lado; e não faremos melhor, ainda que gastemos 58 milhões anualmente com nossa Marinha e 200 com nosso Exército.

A reputação dos franceses como cabeleireiros e professores de dança está garantida no Rio de Janeiro. A rua Vivienne do país, chamada rua do Ouvidor, é povoada por modistas, alfaiates e cabeleireiros de Paris. As modistas são cafetinas na plena acepção da palavra; a maioria alimenta fantasias com o imperador. Imagina-se, então, no Rio de Janeiro, segundo uma regra de três muito equivocada, que todos os franceses são cabeleireiros e todas as francesas, cafetinas. Em razão disso, procurei falar inglês; adotei um ar austero, quase insolente, e fui bem tratado.

Há no Rio um belo teatro, onde uma detestável trupe italiana, acompanhada por uma orquestra ainda mais execrável, maltrata a obra de Rossini três vezes por semana. Pude assistir a *L'italiana in Algeri*. A alta sociedade parecia entediada, como em Paris, e creio que mil vezes mais. As pessoas elegantes que moram nos arredores da cidade chegam às oito horas em suas carruagens. O condutor solta, então, as duas mulas, o que deixa o mato próximo no lugar da representação todo aparado; às onze horas, o condutor as recolhe e volta a dormir, pronto para conduzir seu mestre. O imperador permanece no local, pois, além das modistas da rua do Ouvidor, ele frequenta as dançarinas, as ajudantes, as ajudantes acessórias e toda a gente do teatro. O imperador paga a todas de acordo com seu talento: uns dez ou vinte francos somente. O balé carioca segue o estilo de Brest ou de Draguignan. É a melhor parte do espetáculo.

Infelizmente, só conheço Nápoles por quadros e panoramas; portanto, você sem dúvida tem o direito de discordar da minha opinião. Mas a baía do Rio de Janeiro me parece mais bonita. A floresta virgem do sr. de Clarac não é espessa o suficiente: ainda é possível ver espaços entre as árvores; não deveria ser assim. Enormes plantas parasitas de mil cores — cujos nomes eruditos desconheço —, que têm folhagem semelhante à nobre folhagem do abacaxi e às flores das íris, crescem nas árvores, como o visco do carvalho no nosso país. Lianas de diversas espécies sobem e descem sobre as massas floridas, enredando-as de mil maneiras; se você puxar uma delas, parece que toda a floresta vem junto. O meu olhar de botânico descobre nos entornos de Nápoles somente sessenta espécies de árvores, grandes ou pequenas, das quais sete ou oito, no máximo, são comuns; no Rio de Janeiro conto mil delas, todas muito comuns; daí uma prodigiosa variedade de folhagens, formas e cores. A gravura do sr. de Clarac não retrata esses ricos detalhes.

AO SR. VICTOR DE TRACY, PARIS.
A BORDO DA CORVETA *LA ZÉLÉE*, NO MAR, TERÇA-FEIRA 12 DE JANEIRO DE 1829, ENTRE O CABO DA BOA ESPERANÇA E A ILHA DE BOURBON.

Permaneci vinte dias no Rio de Janeiro. Uma feliz coincidência fez-me encontrar ali alguns compatriotas de um caráter infelizmente raro entre a maioria dos franceses que partem em busca de fortuna fora do seu país. Rapidamente me relacionei com um deles, um dos filhos do pintor Taunay, artista como seu pai, mas artista filósofo. Ele e seus irmãos, cujas carreiras são diferentes, estão há dez anos estabelecidos no Brasil e, por diversas vezes, entretiveram-me de modo proveitoso sobre algo que eu muito queria saber desse país mas que a curta duração da minha estadia não permitiria: o estudo das coisas da natureza. Tudo o que os homens lá realizaram é odioso.

Nação no Brasil não há: a população do Império é formada por escravos negros que morrem sem se reproduzir — e que devem ser constantemente renovados — e por algumas centenas de portugueses enfeitados com títulos e comendas, vestidos, apesar do clima, à moda de Paris, mas de uma baixeza e de uma ignorância que não encontramos na Europa num único indivíduo. O imperador, que despreza abertamente seus súditos e que vale cem vezes mais do que os bem-nascidos e ricos que o rodeiam, não está, no entanto, muito acima do povo de sua corte. É um homem conhecido por conduzir grandes parelhas pelas ruas estreitas e movimentadas do Rio sem atropelar os transeuntes. E, não obstante ser rude em seus gostos e muitas vezes brutal em seus modos e palavras, é um dos homens mais ilustres de seu país!

O vínculo político que faz das várias províncias deste imenso Império um Estado Monárquico é muito fraco. Todo o esforço político do imperador consiste — como ele próprio admite — em evitar que o Império se fragmente antes de sua morte. Em razão de não haver uma ameaça externa aos territórios que os una (o desfecho da guerra com Buenos Aires prova isso), as províncias mais remotas, especialmente as do Norte, Bahia e Pernambuco, estão sempre prontas para se livrar do jugo de um poder central cuja sede se encontra a quatrocentas ou quinhentas léguas de distância, distância pelo menos duplicada pela falta de estradas, e que pretende governá-las sem conceder-lhes proteção alguma. Estou certo de que veremos infalivelmente um novo fiasco de repúblicas nessa bela parte da América do Sul. Creio que não irão longe; falta a eles a matéria-prima para construir algum futuro. A anarquia vai tomar conta do país e, no seu rastro, logo virão a revolta dos negros, as lutas atrozes e, talvez, o extermínio dos brancos — que pode derivar da emancipação violenta dos escravos. Uma vez abolida a escravidão, o trabalho cessará e a miséria grassará entre a população.

A abolição do tráfico, que, nos termos dos tratados assinados, deveria cessar em um ano mas que a configuração das costas do Brasil sempre protegerá contra o zelo dos cruzadores ingleses, seria o fim do Império. Presenciei de perto no Rio de Janeiro o horrível tráfico, que ali se dá numa escala gigantesca. A vista de tamanha miséria humana causou em mim um sentimento de horror que custa a se apagar do meu espírito terrificado. Porém, quem quer o fim quer os meios: a escravidão dos negros é condição *sine qua non* para a existência do Brasil e para o domínio europeu em todas as terras da América localizadas nos trópicos, que não estejam muito acima do nível do mar [...].

Posfácio

Jean Marcel Carvalho França

JACQUES ARAGO

Em 1854, o *Novo e completo índice cronológico da história do Brasil*, entre as ocorrências do mês de novembro, destacava: *O sr. Jacques Arago, o ilustre cego francês que buscou um asilo entre os brasileiros, sucumbiu a um ataque apoplético.*[1] O *Correio Mercantil* do dia 28 do mesmo mês era mais preciso: *Faleceu ontem, em casa do sr. comendador João Caetano dos Santos, e foi sepultado no cemitério São Francisco Xavier, o sr. Jacques Arago.*[2] O jornal informava ainda aos leitores que, velho e cego, Arago procurara o Brasil — nomeadamente o Rio de Janeiro — para terminar seus dias, país pelo qual parecia ter especial apreço e onde cultivara por anos um grande e leal amigo, o ator João Caetano.

A morte de Arago punha de fato fim a uma relação de amor antiga com o Brasil, uma relação iniciada em dezembro de 1817, quando adentrou o porto do Rio de Janeiro a corveta *Uranie*, uma embarcação francesa que trazia a bordo um grupo de sábios, liderados pelo capitão Louis de Freycinet (1779-1840),[3] encarregado pela Marinha de seu país de executar uma viagem exploratória ao redor do mundo. Entre os liderados por Freycinet, encontrava-se Jacques Etienne Victor Arago (1790-1854), um rapaz proveniente de uma família abastada e culta — entre os cinco irmãos que teve, um foi um importante astrônomo e físico, outro um militar conhecido, e um terceiro, ensaísta e político —, que muito prometia como desenhista, escritor e explorador. Arago passou duas vezes pela cidade do Rio de Janeiro: na ida, rumo ao cabo da Boa Esperança, entre dezembro de 1817 e janeiro de 1818; e na volta, depois de um grave acidente nas proximidades das ilhas Malvinas, em 1820. Ambas as passagens — registradas no seu *Promenade autour du monde, pendant les années 1817, 1818, 1819 et 1820*,[4] publicado em 1822 sob a forma de relato epistolar — foram breves, mas parecem ter deixado marcas profundas no espírito do francês.

Arago retornou para a França em 1820, publicou o seu *Promenade...* (1822), e deu início a uma profícua carreira de dramaturgo e ensaísta, legando à posteridade mais de duas dezenas de peças e três dezenas de ensaios. Em 1837, no entanto, uma tragédia abateu-se sobre o francês, que até então dedicara boa parte da vida às viagens de exploração: Arago

Retrato de Jacques Arago (s.d.)

Vista do grande aqueduto do Rio de Janeiro (1817)

perdeu a visão, o que o levou a reduzir em muito os seus deslocamentos e a intensificar a sua atividade de escritor. Logo nos primeiros anos desse período de relativo recolhimento que se impôs, publicou uma versão renovada da sua viagem de circum-navegação, intitulada *Voyage au tour du monde ou Souvenirs d'un aveugle* (1840),[5] um escrito memorialista, sem dúvida, mas um pouco mais do que isso, como explica o autor na nota ao leitor que abre o livro:

> Não são apenas memórias, não são apenas a massa e a silhueta das coisas e objetos estudados, é também a rigorosa exatidão dos detalhes, a nuance das cores; é o passado com todos os seus incidentes de cada dia, de cada hora, que, como um consolo do céu, vem a ser colocado diante de meus olhos opacos.[6]

O balanço de paisagens, pessoas e coisas promovido por um Arago saudoso e melancólico, balanço que acabou por alcançar bem mais sucesso do que o seu *Promenade...*, lançava uma perspectiva distinta sobre muitos dos lugares visitados entre 1817 e 1820, notadamente sobre o Brasil, região em que deixou amigos e à qual esperava um dia retornar. Em *Souvenirs...*, além de trazer uma série de informações novas a respeito do país, informações livrescas, obtidas ao longo dos anos que sucederam à sua visita, Arago é mais pródigo em elogios e mais comedido nas críticas, em suma, mais simpático ao Brasil e ao seu povo, e isso desde a primeira descrição do lugar que oferece ao seu leitor:

> Eis que me encontro no Brasil, uma terra fértil entre as mais férteis do mundo; dir-se-ia uma natureza à parte, uma natureza privilegiada. Para enriquecer, a ganância só precisa cavar o solo; para viver, o homem só tem que respirar, pois a brisa do mar, que sopra pela manhã, dá forças contra o calor do dia; e o vento terrestre, que atravessa as altas montanhas do interior, faz, ao entardecer, rapidamente esquecer a temperatura de uma zona opressiva.[7]

Arago prossegue com os seus elogios, informando ao seu leitor que todo aquele desejoso de levar uma vida tranquila, simples e cercada pela mais bela e exuberante natureza encontraria no Brasil a plena satisfação dos seus anseios. O francês, a certa altura, se dá até mesmo ao luxo de rebater determinados lugares-comuns sobre o país que circulavam na França, lugares-comuns negativos, como aquele que dizia ser o Brasil, mesmo nos seus centros urbanos, infestado por répteis extremamente perigosos:

> [...] digo, de passagem, que os viajantes devem tomar cuidado com os relatos exagerados de certos escritores cuja pena apresenta o Brasil habitado por um número imenso de répteis

venenosos que, segundo eles, tornam o caminhar e o descanso perigosíssimos. Sem dúvida, existe um grande número de cobras no Brasil, existem até cobras incríveis; mas ninguém é capaz de afirmar ter visto aqui cobras com picadas fatais ou que tenham ousado atacar o homem. Quanto a mim, por mais frequentes que tenham sido minhas excursões aos lugares recônditos deste país tão poderoso, devo declarar, a bem da verdade, e com prejuízo da minha autoestima, que nunca tive de lutar contra nenhum desses terríveis répteis com que tantos narradores me aterrorizaram, e que há certas províncias na França onde as víboras são em maior número do que as cobras no Brasil.[8]

As demonstrações de atração pelo Brasil, contudo, não pararam aí, não pararam na reavaliação simpática que promoveu das impressões do país recolhidas em 1817. Em 1850, depois de realizar, para grande espanto de todos, uma longa viagem ao Chile e a algumas ilhas do Pacífico, Arago passou novamente pelo Rio de Janeiro, uma passagem rápida mas que estreitaria ainda mais as suas relações com a cidade e com os cariocas. O *Jornal do Commercio* daquele 18 de outubro noticiou:

O senhor Jacques Arago irmão do ilustre astrônomo, e autor de três viagens à roda do mundo, chegou a esta corte a bordo da corveta francesa *Bayonnaise*, e segue amanhã para a França. O senhor Arago acaba de completar a empresa mais temerária

Sala de espetáculos na praça do Rocio, Rio de Janeiro

que podia tentar um homem reduzido, como ele está, ao estado de completa cegueira, a de servir de guia no Chile, no Peru e na Califórnia a cinquenta moços que se confiaram aos seus cuidados e lealdade. Enquanto esses moços revolviam a terra no novo *El Dorado*, decidiu-se o senhor Arago a percorrer o Oceano Pacífico, que visitara em tempos para ele mais felizes, a fim de comparar épocas com épocas e conhecer os progressos da civilização em todas aquelas ilhas.[9]

Quatro dias mais tarde, o *Correio Mercantil* publicou uma matéria extensa, dando conta do que ocorrera ao longo daquelas poucas horas em que Arago estivera em solo carioca. O francês, informa o jornal, havia pedido a um seu amigo brasileiro, o ator João Caetano, que levasse à cena, na noite que antecederia a partida da *Bayonnaise*, uma de suas muitas peças: *A gargalhada* (*L'Éclat de rire*, 1840).[10] O amigo Caetano, mesmo adoentado e afastado dos palcos, não deixou de atender o pedido e encenou naquele sábado 18 de outubro, no teatro de São Januário, a dita peça, desempenhando o papel principal. O espetáculo, que contou inclusive com a presença do imperador Pedro II, foi um enorme sucesso, uma verdadeira consagração do autor e do ator, como dizia o *Correio...*:

Era um concurso imenso, espontâneo e sôfrego por ver um gênio do novo mundo interpretando pensamentos de outro

> gênio do velho mundo, querendo apreciar os sentimentos que eletricamente os dois gênios deviam se comunicar. E assim foi! E o povo brasileiro soube nessa noite mostrar que as artes e as ciências serão sempre para ele de subido mérito.[11]

O periódico *O Liberal*, na sua edição de 25 de outubro, seguia pela mesma linha e destacava:

> Entre mil aplausos foram saudados e despedidos o autor da Europa e o ator americano, mandando pedir aquele permissão à SS. MM. II para ir à sua presença, e este na forma do seu costume lhe foi beijar as augustas mãos. O escritor não pôde deixar de alegrar-se e aplaudir cenas como essas que tiveram lugar no teatro de São Januário, porque elas são o incentivo para mais se afervorarem os gênios e melhor se imitarem os voos que eles ensaiam.[12]

Ao término do espetáculo e das muitas homenagens que se seguiram — relatam ambos os periódicos —, o elenco e parte da plateia acompanharam um emocionado e agradecido Arago até o local de embarque. O francês, que partiu com juras de breve retorno, definitivamente conquistara os cariocas, e os cariocas, por sua vez, parecem tê-lo igualmente conquistado.

A gargalhada continuou em cartaz depois da partida da *Bayonnaise* e o nome Arago, volta e meia, retornava à imprensa, inclusive com a publicação de cartas suas, agradecendo o carinho dos cariocas, louvando a amizade de João Caetano e sempre prometendo retornar o mais breve possível ao Brasil. Finalmente, em maio de 1854, a revista carioca *Ilustração Brasileira* publicou a tão aguardada boa-nova:

> Regozijamo-nos de poder anunciar que o senhor Jacques Arago breve estará no Rio de Janeiro, onde se demorará por algum tempo. Uma sobrinha do ilustre cego acompanha-o em sua nova digressão à América Meridional. Informam-nos que essa moça é bela e dotada de muito talento. Pela própria carta de Arago, sabemos que ela dará entre nós provas de seus não vulgares conhecimentos. Prevenida já do quanto é hospitaleira a nação brasileira, a sobrinha de Arago pensa que só a capital fluminense lhe suavizará as saudades de sua pátria. Julgamos que o Sr. J. Arago vem incumbido de escrever os fatos ultimamente ocorridos nas margens do Prata.[13]

Arago desembarcou em setembro de 1854, a tempo de presenciar, em 17 de novembro, o retorno de João Caetano aos palcos, após uma longa ausência. Tragicamente, onze dias mais tarde, em casa do mesmo Caetano, um derrame levou-o a óbito. Partia um francês dito "amigo do Brasil", um ilustrado que mereceu dos homens de cultura brasileiros elogios os mais diversos, como os proferidos pela *Rosa Brasileira*:

Venda de escravos num mercado da rua do Valongo, Rio de Janeiro (1817)

jornal dos domingos dedicado ao belo sexo, que na sua edição de fevereiro de 1853, ao publicar uma carta de Arago tecendo elogios ao ator João Caetano e ao gênio nacional, fez questão de registrar:

> Jacques Arago, eis aí um nome que encerra uma vida de ilustração, de saber e de virtude; eis aí o homem que tem chegado, com sua vasta inteligência, a colocar o seu coração de bom francês a par do coração de todos os povos, e como verdadeiro cosmopolita tem de legar ao mundo a história de sua vida, como a enciclopédia científica de todas as suas lucubrações.[14]

Das três narrativas reunidas neste *Franceses no Brasil*, *Promenade*... foi, sem dúvida, por tudo o que se disse, a que menos críticas suscitou entre os brasileiros coetâneos, sempre atentos ao que se escrevia sobre o Brasil e o seu povo no Velho Mundo. É verdade que o nome de Arago era por vezes lembrado quando se discutiam a impertinência de muitos visitantes franceses e o péssimo hábito que tinham de difamar o Brasil no Velho Mundo pelos motivos mais fúteis, mas o *ilustre cego* invariavelmente desfrutou de muitas atenuantes e contou com muitos defensores. Em primeiro lugar, porque a sua narrativa descrevia o Brasil joanino, e os homens de letras que a avaliaram pertenciam ao Brasil independente. Tais homens toleravam bem as críticas estrangeiras ao modo de viver do carioca dos tempos de d. João VI, pois eles mesmos admitiam que outrora, quando o país ainda vivia sob a tutela de um rei e de uma corte portugueses, a civilização ainda engatinhava entre os brasileiros. O próprio Arago apontara tal estado de coisas no seu relato, sobretudo na pequena mas instrutiva descrição que deixou do Rio de Janeiro em 1820, quando da sua segunda visita. Aí, depois de listar algumas melhorias que encontrara na cidade, confessar o seu espanto com o progresso que se tinha alcançado em tempo tão exíguo e exaltar as muitas qualidades da família real, especialmente do príncipe d. Pedro, o francês registrou: "Em todos os países da Terra, se as províncias são guiadas pelas capitais, as capitais tomam o exemplo da corte. Então julgue a diferença que notei entre os brasileiros de hoje e os de 1817! Seria possível que em apenas três anos ocorresse uma mudança tão notável?".

As palavras finais de Arago sobre o Brasil soavam como música aos ouvidos dos letrados brasileiros, que viam nelas o reconhecimento de que a civilização de fato avançava rapidamente na nova capital do reino e que aqueles toques de barbárie que os estrangeiros ainda detectavam no cotidiano da urbe estavam em vias de desaparecer. Por fim, e não menos importante, Arago, durante a sua curta estadia no país, em 1817, travou muitas amizades, as quais fez questão de cultivar e renovar ao longo dos anos; não foi, certamente, por acaso que o escritor, três décadas mais tarde, veio a escolher o Rio de Janeiro para terminar os seus dias. Tudo isso fez desse simpático literato francês um personagem agradável à inteligência brasileira e deu um sabor palatável às críticas ao país contidas no seu *Promenade*..., críticas que foram, inclusive, muitas vezes utilizadas pelos próprios escritores locais para ressaltar um ou outro mau hábito "dos tempos da colônia" que queriam censurar.

JEAN-BAPTISTE DOUVILLE

Jean-Baptiste Douville (1794-1836) não pertence à mesma categoria de visitantes que Arago e Jacquemont, ambos homens cultos — sábios, como então se dizia — que viajavam para ampliar os conhecimentos que o Velho Mundo tinha de outros mundos. Douville é um aventureiro que se desloca pelo globo em busca de oportunidades, dinheiro e glória. É difícil saber o que há realmente de verdade na sua biografia, escrita por ele próprio e veiculada num livro concebido para defender-se da acusação de fraude intelectual — uma das muitas que enfrentou ao longo da sua curta existência.

Aí, Douville afirma ter nascido em Hambye, uma comuna francesa situada na Normandia, no seio de uma família abastada — o pai era comerciante de tecidos e a mãe provinha de uma linhagem nobre — que passou por maus bocados durante a Revolução Francesa. O seu gosto pelas viagens, pela aventura, nasceu, segundo conta, muito cedo:

> Desde a minha mais tenra idade, tive uma inclinação irresistível pelas viagens. Tudo o que dizia respeito às raças mais distantes inspirava-me o mais vivo interesse. Devorei as narrativas dos viajantes... Sempre preferi esses homens ousados aos heróis mais famosos; invejei o seu destino, associei-me aos seus trabalhos, seus perigos, seus sucessos.[15]

Foi esse apreço pelo deslocamento, por conhecer o desconhecido, que o levou, ainda rapazote, a deixar a casa paterna. Por sorte, conta Douville, os seus planos foram facilitados por um parente rico, que o nomeou legatário universal. Há, no entanto, quem diga que sua fortuna adveio do casamento, na Inglaterra, com uma rica proprietária de uma fábrica de chapéus, morta em 1823.[16] Seja como for, dispondo de meios e vontade, o aventureiro iniciou suas andanças: "Viajei pela Europa e pela América do Sul; depois fui por mar para a Ásia. Atravessei parte da Índia e da Caxemira e retornei, via Khorasan e Pérsia, a Trebizonda, de onde naveguei para Gênova. Passei o final de 1824 e 1825 na Itália e na Alemanha".[17]

Depois de muito perambular, em 1826 Douville resolveu cruzar o Atlântico e estabelecer-se em Buenos Aires. As coisas, no entanto, não correram muito bem na capital argentina. A princípio, o francês montou aí um entreposto de compra e venda, que importava mercadorias de Montevidéu — burlando o bloqueio brasileiro — e as revendia em Buenos Aires. Depois de meses operando o seu entreposto, Douville resolveu dedicar-se a outro negócio: a produção de litografias de heróis argentinos. Jacta-se o francês de que os lucros foram de tal ordem que ele pôde se estabelecer na casa mais portentosa da cidade de Buenos Aires. As litografias, porém, mostraram-se demasiado trabalhosas e o aventureiro voltou à compra e venda de mercadorias. O negócio seguia de vento em popa, mas, tal como ocorreria posteriormente no Brasil, o francês foi acusado de fraude — segundo ele, acusado falsamente, em razão de uma conspiração do governo argentino para prejudicá-lo — e preso.

Desgostoso, ao sair da prisão Douville casou-se com sua sócia e transferiu-se para o Rio de Janeiro. Aí, afirma ter residido cerca de três meses, parte dos quais na cadeia, por causa de uma nova acusação de fraude. Em outubro de 1827, o aventureiro diz ter encerrado os seus negócios — ainda que continuassem muito lucrativos — e embarcado para o Congo, lá permanecendo em torno de três anos. De volta à França, Douville lançou uma narrativa das suas supostas aventuras africanas, intitulada *Voyage au Congo...* (1832),[18] obra que teve excelente acolhida do público e dos homens de cultura, garantindo ao autor uma medalha da Sociedade de Geografia de Paris.

Rapidamente, porém, informações contidas no próprio livro lançaram muitas dúvidas sobre a veracidade da viagem; paralelamente, surgiram na Inglaterra testemunhos de que Douville vivia àquela altura no Rio de Janeiro, que nunca embarcara para o Congo e que suas notas de viagem teriam sido copiadas de antigos cronistas portugueses. O farsante não se deu por vencido e, em meio à polêmica, publicou, em 1833, o *30 Mois de ma vie...*, contando o que supostamente ocorrera em Buenos Aires e no Rio de Janeiro, quinze meses antes de embarcar para o Congo, e o que se seguira quinze meses depois do seu retorno.

O livro não convenceu a opinião pública francesa e Douville, desmoralizado e financeiramente arruinado, transferiu-se para Lisboa e daí seguiu para a Bahia, onde desembarcou em julho de 1833. De Salvador, que conheceu de passagem, o visitante deixou a seguinte descrição:

> Depois de pensamentos tão agradáveis, o estranho fica surpreso ao desembarcar, saindo do cais da Cachoeira, no meio de uma rua muito estreita, de uma imundície terrível. Vi-me quase obrigado a recuar diante da multidão de negros que se amontoavam por todo lado, com fardos nas costas e gritando com todas as forças de seus pulmões para manter o ritmo.

> Chegando ao mercado de Santa Bárbara, comecei a respirar, meti-me numas ruas muito estreitas, mas adornadas com umas lojas bonitas. Minhas ideias então se tornaram mais favoráveis à cidade e resolvi subir para a cidade alta. Lá me reconciliei totalmente com a Bahia. Ar mais fresco, ruas mais largas, casas bem construídas, menos tumulto e menos negros nas ruas, belezas peculiares nos cruzamentos trazem à imaginação as mais agradáveis impressões aos curiosos que vêm visitar as Américas.[19]

De Salvador, o francês rumou para o interior e estabeleceu-se entre as províncias de Minas Gerais e da Bahia, nas margens do rio São Francisco. Aí vendeu os seus serviços como médico, naturalista e engenheiro, para os governos das províncias e para particulares. A sua vida de aventuras chegou tragicamente ao fim em 1836, nas margens do São Francisco, quando foi assassinado pelos parentes de um doente a quem ludibriara. Outro visitante, que passou pela região entre 1836 e 1841, o inglês George Gardner, numa obra publicada uma década depois da misteriosa morte de Douville, *Travels in the Interior of Brazil...*, conta a seguinte história que ouviu por lá:

> No ano de 1836 visitou Formigas [Montes Claros] e viveu algum tempo na casa do vigário, fazendo-se passar por doutor Douville e ganhando muito dinheiro com a prática da medicina;

também traficava na compra e venda de cavalos, apesar de dizer que tinha sido enviado ao Brasil pelo rei da França com a missão de investigar suas produções naturais e curiosidades, e traçar um mapa das partes do Império que escolheu para visitar durante suas viagens. Vangloriava-se muito de suas viagens africanas, exibindo por toda parte uma medalha de ouro que dizia ter recebido da Sociedade Geográfica de Paris, após a publicação de seu trabalho. O vigário, bem como outras pessoas de tino em Formigas, suspeitava que fosse um impostor, concluindo que não era o verdadeiro Douville [...], mas outra pessoa que obtivera a posse fraudulenta de seus papéis. Geralmente, cobrava quantias exorbitantes de dinheiro daqueles a quem atendia como médico, e foi devido a um caso desse tipo que encontrou com sua morte em algum lugar perto do rio São Francisco. Douville foi chamado para atender um fazendeiro que estava doente, com quem negociou para efetuar sua cura pela soma de 200 mil-réis, cerca de 25 libras esterlinas; embora o paciente tenha morrido, ele insistiu em receber a quantia estipulada; depois de algum tempo, os herdeiros do falecido, cedendo às suas importunações, pagaram-no. Porém, [...] quando Douville embarcou para descer o rio, enviaram um homem atrás dele, que o matou uma noite enquanto dormia em sua canoa, roubando-lhe não apenas os 200 mil-réis, mas tudo o que levava consigo. Douville acabou por ser vítima de suas próprias imposturas grosseiras.[20]

O livro de Douville com suas impressões sobre o Rio de Janeiro, *30 Mois de ma vie...*, publicado em 1833, nem cumpriu o seu propósito — convencer o público europeu de que o autor estivera realmente no Congo —, nem lhe trouxe glória alguma; a obra teve somente uma edição e passou despercebida na França. Em terras brasileiras, as suas notas sobre o Rio de Janeiro suscitaram um único comentário público, que tem uma história curiosa.

Douville, além do seu famoso *Voyage au Congo...* e do menos conhecido *30 Mois de ma vie...*, deixou um manuscrito inédito descrevendo as suas andanças pelo interior da Bahia;[21] esse manuscrito, não se sabe muito bem por quais caminhos, chegou às mãos de Ferdinand Denis, um estudioso do Brasil, e foi repassado por ele ao médico franco-brasileiro José Francisco Xavier Sigaud, que dedicou uma resenha ao escrito, em 1838, na prestigiada revista *Guanabara*. Sigaud, coincidentemente, conhecia Douville, de quem fora vizinho no Rio, e conhecia também o seu *30 Mois...*, no qual o francês não dizia coisas muito simpáticas sobre o Rio de Janeiro — cidade onde tinha estado preso — e menos ainda sobre a Justiça e a administração pública brasileiras.

Foi com esses dados em mente que o resenhista se debruçou sobre o manuscrito do aventureiro. Sigaud chega a elogiar os dados recolhidos por Douville referentes à Bahia, mas não perdoa o que o visitante dissera sobre o Rio de Janeiro na obra de 1833, traçando dele o seguinte perfil:

As cartas do Presidente e do Arcebispo da Bahia abonavam o homem que outrora foi meu vizinho na rua da Quitanda, onde havia armado loja de livreiro e de leilão; era o mesmo que em 1828 foi preso, e que escreveu da cadeia do Aljube uma diatribe contra as prisões do Rio de Janeiro, obra que mais tarde saiu à luz em língua francesa, *Trinta meses da minha vida ou as cadeias do Rio de Janeiro* (Paris, 1833). Este mesmo Sr. J.-B. Douville já tinha figurado em Montevidéu e em Buenos Aires; novo Gil Braz, foi jornalista, livreiro, cambista, empalhador de pássaros, viajante em África, secretário da sociedade de geografia de Paris, e afinal, explorador naturalista dos sertões e dos índios do Brasil. É debaixo deste último caráter que havemos de examinar o que o viajante fez a prol das ciências naturais, que ele cultivava como curioso e mais por certo espírito da empresa mercantil do que por outro motivo; todavia reconhecemos que o homem era dotado de inteligência e de ânimo, porém, que lhe faltavam a cultura e sobretudo o desinteresse que cabe aos verdadeiros zeladores das ciências naturais.[22]

Sigaud, de certo modo, informava aos seus leitores que o *30 Mois*... e tudo o que lá vinha dito sobre o Rio de Janeiro merecia pouquíssimo crédito, pois saíra da pena de um farsante ultrajado, que mofara nas prisões da cidade. Daí, inclusive, o livro ter passado despercebido na França — sem sequer uma reedição — e, no Brasil, ser conhecido de poucos, ao contrário do autor, cuja fama de farsante era famosa entre muitos.

VICTOR JACQUEMONT

Venceslas Victor Jacquemont (1801-32) não era um vigarista com gosto pelas viagens, nem um literato de proeminência mediana amante da aventura. Venceslas provinha de uma família importante e respeitada nos círculos políticos e culturais da França e recebera uma educação esmerada, obtida em instituições de prestígio, reservadas à elite do país, como o liceu Louis-le-Grand e o Collège de France. No seu círculo de amizades encontram-se nomes sonantes da intelectualidade francesa do período, como Georges Cuvier, Stendhal, Prosper Mérimée, Alexandre Dumas, Adrien de Jussieu, Hippolyte Jaubert e muitos outros. Formado em química em 1822, sob orientação do próprio Cuvier, o jovem Victor possuía ainda, segundo seus biógrafos, sólidos conhecimentos de medicina, biologia e botânica, e uma grande familiaridade com os escritos dos filósofos iluministas. O romancista Stendhal, em 1821, traçou dele o seguinte perfil:

> Este Jacquemont é um jovem de muita educação e espírito! Além da botânica, cultiva a geologia e a mineralogia. Ele é bom em química: foi um dos preparadores do curso de Thenard.

> É um jovem alto, magro e curvado; creio mesmo que tem uns cinco pés e oito polegadas de altura. A sua saúde é frágil e, além disso, está ameaçado de tuberculose; tem uma visão fraca, mas sua fisionomia é agradável e inteligente; sua memória é viva e dotada de uma infinidade de ditos agradáveis, de cantigas etc. Ele nos divertia muito ao recitar a fábula do Corvo e da Raposa em jargão meio inglês, meio francês.[23]

A sua carreira de naturalista, explorador e escritor foi muito breve, mas o legado que deixou, enorme, o que garantiu a perenidade do seu nome. Jacquemont começou cedo. Logo após o bacharelado, em parceria com os amigos Adrien de Jussieu e Adolphe Brongniart, o jovem criou a Sociedade Naturalista de Paris e empreendeu, como membro de tal agremiação, as suas primeiras viagens de exploração botânica: a princípio nas redondezas de Paris e, posteriormente, no sul e no norte da França, na Bélgica, nas montanhas Cevenas e nos Alpes — onde aprendeu o alpinismo. Em 1826, depois de uma decepção amorosa e dos conselhos de um dos seus quatro irmãos, Jacquemont decidiu realizar uma viagem de exploração aos Estados Unidos da América, um destino exótico e ainda pouco conhecido dos naturalistas.

O empenhado botânico entrou no porto de Nova York, a bordo do *Cadmus*, em dezembro de 1826, mas permaneceu pouco tempo na cidade. Uma rusga com outro francês, um ex-general de Napoleão exilado, levou-o a marcar um duelo — duelos eram proibidos em solo americano — no Haiti, onde o intempestivo Jacquemont desembarcou em janeiro de 1827. O confronto nunca ocorreu; hospedado na casa de um irmão, Jacquemont recebeu a notícia de que o general não estava disposto a tamanho deslocamento somente para duelar, mas recebeu também um convite do Museu Nacional de História Natural, de Paris, para empreender uma viagem de exploração científica à Índia, convite que aceitou de pronto, impondo somente uma condição: dispor de um tempo, antes do retorno à França e do embarque rumo ao Oriente, para excursionar pelos Estados Unidos, o que não fizera durante a sua curta primeira passagem pela região.

E assim procedeu o francês; depois de seis meses de perambulações pela América e de uma breve estadia em Londres — onde obteve autorização da Companhia das Índias Orientais para excursionar pelas colônias inglesas no Oriente —, desembarcou em Paris, cuidou dos preparativos da viagem e, em 28 de agosto de 1828, embarcou na corveta *La Zélée* com destino à Índia. Entre 28 de outubro e 18 de novembro do mesmo ano, a corveta, para profundo aborrecimento da sua tripulação, teve de permanecer ancorada no porto carioca fazendo reparos.

Após mais uma parada no cabo da Boa Esperança, *La Zélée*, em janeiro de 1829, entrou no porto da ilha Reunião, próximo a Madagascar. Em março, depois de enfrentar um ciclone de grande intensidade na ilha e passar por uma nova série de reparos, a embarcação seguiu para Pondichéry e dali para Calcutá, aonde chegou em maio. Jacquemont pôde então, finalmente, iniciar a sua exploração da Índia, empreitada que levou adiante por cerca de quatro anos, ao longo dos quais, entre outras coisas, recolheu e enviou para o Museu Nacional de História Natural, em Paris, mais de 5 800 espécies vegetais. Em novembro de 1832, porém, quando preparava uma remessa de suas amostras para a Europa, foi internado em estado grave no hospital de Bombaim, tendo sido diagnosticado com uma infecção amebiana no fígado. Passados poucos dias, em 9 de dezembro, a infecção matou Jacquemont, aos 31 anos.

Em 1833, veio a público a sua *Correspondance...*,[24] ao mesmo tempo que desembarcavam e eram conhecidos na França os milhares de amostras enviados por ele da Índia. Paralelamente, os muitos amigos que deixou no mundo das letras e das ciências trataram de difundir, na imprensa e nos meios científicos, o seu imenso contributo para a história natural. Rapidamente, Jacquemont tornou-se célebre, célebre a ponto de ser reconhecido por muitos, inclusive pelo renomado sábio Alexander von Humboldt, como um dos mais importantes viajantes-exploradores do Oitocentos. Humboldt, a propósito, em 1832, depois de tomar conhecimento de algumas cartas de

Jacquemont dando conta de sua passagem pela Caxemira e por Laore, escreveu ao geólogo Pierre Louis Antoine Cordier, que as divulgara:

> Depois das montanhas nevadas em torno de Quito, onde estive há quinze anos, nada marcou mais a minha imaginação do que o planalto da Caxemira. Em razão disso, creio que pode julgar, meu caro e ilustre confrade, com que entusiasmo li no *Le Temps* (não estive na reunião) o seu relato luminoso sobre a viagem do sr. Jacquemont. Recomendei especialmente esse viajante (que não conheço pessoalmente e cujas cartas me pareceram mais históricas do que carregadas de nomes de rochas) a lorde Bentinck, a fim de promover a expedição a Caxemira, onde, desde Forster, nenhum europeu esteve.[25]

Ora, é certo que o crescente prestígio da obra de Jacquemont ao longo do século XIX, obra em dois tomos e majoritariamente dedicada à Índia, em nada se deveu às vinte e poucas páginas que um jovem impetuoso, impaciente e precipitado deixou sobre o Rio de Janeiro; o seu sucesso estrondoso veio, sem sombra de dúvida, das descrições detalhadas que um arguto explorador e talentoso escritor legou da Índia. Provavelmente, a maioria dos seus leitores do Velho Mundo, aqueles que lhe deram fama e prestígio, mal atentou para as suas descompromissadas e grosseiras opiniões sobre a capital do

Brasil, lugar que conheceu muito rapidamente, contrariado, e ao qual dedicou pouquíssima atenção.

Entre os brasileiros, no entanto, as mesmas poucas páginas que passaram quase despercebidas na Europa garantiram ao livro de Jacquemont, ao menos a uma pequena parte dele, uma reputação considerável, mas uma péssima reputação. Por quase três décadas, sempre que entravam em pauta na imprensa local temas relacionados a ofensas de estrangeiros aos brasileiros, o nome Jacquemont retornava à ribalta.

A celeuma começou em 1839 — uma década depois da visita do francês e meia década após a publicação das suas cartas a amigos e familiares — na *Revista Nacional e Estrangeira*, num artigo intitulado "Correspondência de V. Jacquemont durante sua viagem ao Brasil e às Índias".[26] Já na abertura da resenha, assinada por um importante nome da intelectualidade brasileira do Oitocentos, João Manuel Pereira da Silva — que acabara de concluir o seu curso de direito em Paris —, o resenhista anuncia quanto o livro lhe desagradara:

> Veio-nos à mão uma obra com este título e, como nela se fala do Brasil, julgamos necessária sua análise para conhecimento dos brasileiros. Na Europa, verdade é, principalmente nos estados mais civilizados, aonde a fatura de livros é um ramo de comércio muito produtivo de riquezas, qualquer indivíduo, sem possuir as mais simples noções de gramática, sem ter a

> menor inspiração do talento, sem mesmo conhecer o objeto de que vai tratar, lança mão da pena, sem cerimônia alguma, e rabisca algumas folhas de papel, que, apenas publicadas, são curiosamente procuradas e furiosamente lidas.[27]

O escrito do intempestivo Jacquemont era, pois, na opinião de Pereira da Silva, obra efêmera, derivada da febre comercial que tomava conta do mercado editorial europeu, e estava fadado a desaparecer na poeira do tempo, a ser esquecido pouco depois de publicado. Por qual razão resenhar, então, uma obra tão ruim, sem estilo e sem densidade, condenada ao apagamento? Jacquemont falava do Brasil, e isso era suficiente para o resenhista. Tudo indicava, é verdade, que se tratava de um mau-caráter, de um homem capaz de se referir a portugueses e brasileiros como uma *canalha* inculta, antes mesmo de ter posto os pés no Brasil — "ele não duvida lançar um estigma sobre duas nações inteiras". Jacquemont permaneceu somente vinte dias no Rio de Janeiro, "esta foi a cidade única da América que ele viu", diz o resenhista, "entretanto, ela o leva a julgar todas as outras sem cerimônia e sem pejo".[28]

Não bastassem as generalizações impróprias, o estilo rústico e apressado, e a má-fé, Jacquemont era desrespeitoso com tudo e com todos, inclusive com o imperador do país que o recebia, sobre quem o francês, para indignação do resenhista, comenta: "'Esta noite', diz o Sr. Jacquemont, à página 28, 'vou ver uma espécie de animal extremamente raro na América, é um imperador. Verei ao mesmo tempo a *Italiana in Algieri*, porquanto é no teatro que gozarei da vista de tão hábil palafreneiro'".[29]

A maior ofensa ao Brasil e aos brasileiros, porém, ainda estava por vir. Jacquemont afirma, a certa altura, que a escravidão dos negros e a ignorância dos homens brancos faziam do Brasil um lugar mais distante da civilização do que a ilha de São Domingos. O país, diz o francês, não conta sequer com uma classe média laboriosa: "abaixo da canalha de hábitos e comendas só deparei com os negros escravos ou pardos livres, proprietários também de escravos e os piores de todos". "Será isto uma nação?",[30] pergunta o desagradável visitante. Diante de tantos insultos e leviandades, o resenhista salienta:

> Por estes trechos, que literalmente traduzimos, conhecerão nossos leitores a favorável opinião que mereceram os brasileiros do Sr. Jacquemont, a gratidão que lhe eles devem tributar, e a imparcialidade espantosa e civil do autor das *Correspondências*, sem que necessárias se tornem observações nossas para melhor fazer ressaltar o pensamento do ilustre viajante francês, que com tão negras cores pinta o estado de toda a América Meridional, quando só conhece o Rio de Janeiro que viu em quinze dias, tempo insuficiente para bem conhecer o material do país, o seu solo e sua uberdade, quanto

> mais formar juízos e juízos tão pouco prudentes e arrazoados sobre os habitantes e seus costumes; e, o que mais é para admirar, sua ousadia de publicá-los, de lançá-los ao mundo no seio de sociedades civilizadas, sem temor de ser desmentido e vergonhosamente convencido de caluniador.[31]

Pereira da Silva traduz mais umas tantas passagens da indignante narrativa, passagens que diziam não haver sinais de cultura e civilização no Rio de Janeiro, que os homens da corte eram grosseiros e se vestiam, não obstante o calor, à moda europeia e, ainda, que os brasileiros eram tão preguiçosos que não tinham energia sequer para escrever; daí a paisagem literária do país ser um verdadeiro deserto. Era o suficiente para Silva, ele próprio homem de cultura e jornalista brasileiro:

> Julgamos escusado continuar nas nossas observações acerca desta obra, aparecida em Paris em 1834, e sem dúvida que desaparecida da memória de todos no mesmo ano, não só pelo seu nenhum mérito literário, como acima dissemos, senão também pelas numerosas calúnias e falsidades de que abunda, as quais de pronto achariam sua refutação em todos os espíritos sensatos que se dessem ao fastidioso trabalho de sua leitura, porque nós, apesar de tudo, sabemos fazer mais justiça aos estrangeiros do que nos eles fazem.[32]

A obra, como se viu, não "desapareceu da memória de todos", nem na França — onde, em razão das descrições da Índia, se tornou um dos grandes sucessos da literatura de viagens do Oitocentos —, nem no Brasil. Dias depois da publicação da revista, em julho de 1839, o jornal *O Monitor*, editado em Campos dos Goytacazes, trazia uma correspondência ao longo da qual um leitor francês censurava Pereira da Silva por ter dado a conhecer pedaços da narrativa de Jacquemont, pois temia que, ao divulgar as opiniões sobre o Brasil de um "filho degenerado" da França, contidas numa obra já velha e desconhecida, o resenhista pusesse em risco os franceses que moravam no Brasil — desconhecedores da existência do tal Jacquemont — e até mesmo a boa relação que unia os dois países.

A redação do jornal sentiu-se na obrigação de responder ao francês preocupado, esclarecendo-lhe que não se tratava de um ataque à nação francesa, que os brasileiros sabiam perfeitamente distinguir os maus dos bons estrangeiros — não tinham por hábito cobrar de Pedro ofensas feitas por Paulo — e que o sr. Pereira da Silva,

> [...] analisando a obra do senhor Victor Jacquemont, não teve em vista certamente mais do que demonstrar as injustiças desse escritor, e desafrontar a honra nacional por ele ultrajada. Honra por isso lhe seja feita e conheça o senhor Jacquemont, e todos os que quiserem escrever a respeito do Brasil, que a

> venda que nos tapava os olhos, e que nos impedia de lançarmos as vistas sobre o que vai pelo mundo, já foi esfarrapada por uma mocidade ávida de conhecimentos, em que se firmará sem dúvida a futura prosperidade do Brasil, mocidade que será constante em desafrontar quaisquer injúrias que sejam lançadas sobre a sua pátria.[33]

E, ao que tudo indica, a honra nacional havia sido realmente ultrajada por Jacquemont. Um ano mais tarde, em 1840 — sete anos depois da primeira edição das correspondências do francês —, o jornal *A Liga Americana* voltava à carga e publicava, precedida e seguida por breves comentários, a tradução integral da mais ofensiva das cartas de Jacquemont sobre o Brasil. O artigo, intitulado "As cartas de Mr. Jacquemont na sua viagem à Índia, passando pelo Rio de Janeiro", abria com um verdadeiro libelo contra os visitantes estrangeiros mal-intencionados, aqueles que colaboravam para compor a péssima imagem que os europeus, melhor, que os povos civilizados tinham das jovens nações da América:

> Geralmente na Europa se faz um juízo muito errôneo a respeito dos homens e coisas da América, e é isso devido em grande parte aos preconceitos com que alguns viajantes, não se tendo demorado mais do que dois ou três dias em alguma cidade do litoral da América, e tendo conversado com um ou outro

estrangeiro que com saudade da terra natal encara no país estranho tudo ao través, mandam para lá as maiores falsidades e absurdos que, sendo publicados pela imprensa, correm o mundo europeu e nele introduzem ideias falsas, segundo as quais são julgados quase geralmente os americanos.[34]

O irrequieto resenhista explicava ainda que todas as nações, inclusive as mais desenvolvidas, conservavam hábitos excêntricos, sobretudo entre as parcelas menos civilizadas de suas populações; daí, salienta o patriota, a má-fé de Jacquemont, que passou por cima de tudo isso e tomou os hábitos de grupos menos civilizados da população carioca pelos hábitos de toda a população da cidade e, como dá a entender, até mesmo do país. Após a passagem traduzida do livro, o resenhista conclui:

É assim que viajantes estouvados, ignorantes e cheios de preocupações, discorrem sobre as coisas do Brasil e da América e espalham na Europa ideias falsas, que nos fazem passar por selvagens e por povos a quem é muito fácil escravizar e aviltar com quaisquer exigências apoiadas nas bocas de meia dúzia de canhões.[35]

A polêmica ainda avançou pela década de 1840, reacendendo-se sobretudo a partir de 1844, quando envolveu mais alguns personagens: Louis de Chavagnes ou conde de Suzannet, que havia acabado de publicar, na prestigiada *Revue des Deux Mondes*,[36] uma descrição do Brasil bastante negativa, que suscitou uma tremenda reação dos intelectuais brasileiros; e os irmãos Taunay, que foram, então, acusados por Araújo Porto-Alegre e um punhado de outros intelectuais brasileiros de dar guarida aos dois franceses que mais teriam difamado o Brasil na Europa. O caso Chavagnes, em resumo, fez reviver as antigas mágoas por Jacquemont e, por extensão, pelos irmãos Taunay, que desde a publicação da *Correspondance...*, ou melhor, desde que os nacionais tomaram conhecimento da obra, tornaram-se suspeitos de falar mal, para os seus conterrâneos, do país que os adotara.

Tudo isso levou o nome de Jacquemont a se consolidar na imprensa local, pelo menos até 1850, como sinônimo de desrespeito pelas coisas e gentes do Brasil, e a ser usado para os propósitos mais variados, até mesmo como argumento para o deputado Moura Magalhães, numa sessão da Assembleia Geral Legislativa de agosto de 1839, justificar um pedido de verba extra para o Instituto Histórico e Geográfico Brasileiro:

> Senhor Presidente, este estabelecimento é útil debaixo de outro ponto de vista, que é para retificar os muitos e grosseiros erros que em histórias escritas por estrangeiros se lançam sobre o Brasil, para repelir convícios, como os do célebre Jac-

> quemont, que aqui esteve vinte e tantos dias. E que nos lançou impropérios de toda a ordem [...].[37]

Paradoxalmente, pois, a mais curta, superficial e virulenta das três narrativas sobre o Rio de Janeiro aqui reunidas, a de Jacquemont, foi, no seu tempo, a mais conhecida, a que mais leitores teve e a que — por razões distintas, é verdade — maior impacto causou deste e do outro lado do Atlântico.

BIBLIOGRAFIA

Edições utilizadas

O relato de Jacques Arago veio a público em 1822, na cidade de Paris; a obra teve pelo menos mais uma reedição, no mesmo 1822, e foi traduzida para o inglês em 1823. A narrativa de Douville não teve a mesma sorte: publicada às expensas do autor, *30 Mois de ma vie...* teve uma única e obscura edição, datada de 1833. Quanto à correspondência de Jacquemont, editada pela primeira vez em Paris, no ano de 1833, são inúmeras as suas reedições ao longo do século XIX; a mais completa delas veio a público pela casa editorial de Michel Lévy, de Paris, em 1869, e conta com uma introdução do historiador Alfred-Auguste Cuvillier-Fleury ("Étude sur Jacquemont"). As traduções constantes neste *Franceses no Brasil* foram feitas a partir das primeiras edições.

Arago, Jacques. *Promenade autour du monde, pendant les années 1817, 1818, 1819 et 1820, sur les corvettes du Roi L'Uranie et la physicienne, commandées par M. Freycinet*. Paris: Leblanc, 1822, 2 v.

Douville, Jean-Baptiste. *30 Mois de ma vie: quinze mois avant et quinze mois après mon Voyage au Congo, ou ma justification des infamies débitées contre moi; suivie de détails nouveaux et curieux sur les mœurs et les usages des habitants du Brésil et de Buenos-Aires, et d'une description de la colonie Patagonie*. Paris: Chez l'Auteur, 1833.

Correspondance de Victor Jacquemont avec sa famille et plusieurs de ses amis, pendant son Voyage dans l'Inde (1828-1832). Paris: H. Fournier, 1833, 2 v.

A Liga Americana. Jornal politico. Rio de Janeiro: Typ. Imparcial, n.º 13, 1840.

Arago, Jacques. *Voyage autor du monde*. Édition illustrée de 61 belles estampes et enrichie de notes scientifiques. Bruxelas: Société Typographique Belge, Ad. Wahlen et Compagnie, 1840.

______. *L'Éclat de rire: drame en trois actes*. Paris: Marchant, 1843.

A Rosa Brasileira. Jornal dos domingos dedicado ao bello sexo. Rio de Janeiro, v. IV, n.º 1, 20 fev. 1853.

Aurora Fluminense. Rio de Janeiro: Typographia de R. Ogier, n.º 502, jul. 1831.

Berger, Paulo. *Bibliografia do Rio de Janeiro: viajantes e autores estrangeiros (1531-1900)*. Rio de Janeiro: CEEC, 1980.

Chavagnes, Louis de. "Brésil en 1844". *Revue des Deux Mondes*. Paris: Au Bureau de la Revue des Deux Mondes, t. 7, ano 14, 1844.

Correio Mercantil. Rio de Janeiro, ano VII, n.º 263, 22 out. 1850.

"Correspondencia de V. Jacquemont durante sua viagem ao Brazil e ás Indias". *Revista Nacional e Estrangeira*. Rio de Janeiro, t. I, 1839.

Douville, Jean-Baptiste. *Voyage au Congo et dans l'intérieur de l'Afrique équinoxiale: fait dans les années 1828, 1829 et 1830*. t. 3. Paris: J. Renouard, 1832.

______. *Notes du voyage fait chez les sauvages du Brésil: Mongoyos, Patachos, Cutachos, Kerequimu, Gadios, et Macachum dans les années 1833, 34 et 35. Par J. B. Douville, membre de plusieurs societés savantes françaises et etrangers*. [S.l.: s.n.], 1836. 204 f. inum. Biblioteca Nacional. Manuscrito 1428018.

França, Jean Marcel Carvalho. *Mulheres viajantes no Brasil (1764-1820)*. Rio de Janeiro: José Olympio, 2008.

______. *Outras visões do Rio de Janeiro colonial: antologia de textos, 1582--1808*. Rio de Janeiro: José Olympio, 2013.

______; Hue, Sheila. *Piratas no Brasil: as incríveis histórias dos ladrões dos mares que pilharam nosso litoral*. Rio de Janeiro: Globo Livros, 2014.

Freycinet, M. Louis de. *Voyage autour du monde... exécuté sur les corvettes de S. M. "l'Uranie" et "la Physicienne" pendant les années 1817, 1818, 1819 et 1820*. Paris: Pillet aîné, 1825-44, 4 v.

Freycinet, Rose de. *Journal du voyage autor du monde: à bord de l'Uranie, 1817-1820*. Paris: Éditions du Gerfaut, 2003.

Gardner, George. *Travels in the Interior of Brazil: principally through the Northern Provinces and the Gold and Diamond Districts, during the Years 1836-1841*. Londres: Reeve, Brothers, 1846.

Gazetinha dos Sábbados. n.º 50, mar. 1877.

Illustração Brasileira. Rio de Janeiro, v. 1, n.º 4, maio 1854.

Jornal do Commercio. Rio de Janeiro: Typ. Imperial, ano XIV, n.º 187, 17 ago. 1839.

Moraes, Rubens Borba. *Bibliographia Brasiliana*. Rio de Janeiro: Colibris Editora Ltda., 1958, 2 v.

Novo e completo indice chronologico da historia do Brasil. Rio de Janeiro, 1854.

O *Monitor*. Campos dos Goytacazes: Typ. Imparcial de B. J. Maciel, n.º 106, 31 jul. 1839.

Raynal, Guillaume Thomas François (1713-1796). *Histoire philosophique et politique des etablissemens & du commerce des européens dans les deux Indes*. Genebra: Chez les Libraires Associés, 1775.

______. *O estabelecimento dos portugueses no Brasil*. Prefácio de Berenice Cavalcante. Trad. Mônica F. C. Campos de Almeida e Flavia Roncarati Gomes. Rio de Janeiro: Arquivo Nacional; Brasília: Editora Universidade de Brasília, 1998.

Sigaud, Dr. J. "Viagem pelos sertões da Bahia ou observações sobre os Indios, Entachos, Mongoyos, Patachos, Gadios e Machaculis durante os annos de 1833, 1834 e 1835, por J. B. Douville". *O Guanabara*. Rio de Janeiro, 1838, p. 223.

Stamm, Anne. "Jean-Baptiste Douville: voyage au Congo, 1827-1830". *Cahiers d'Études Africaines*. Paris: CNRS, n.º 37, 1970.

Suzannet, Le Comte de. *Souvenirs de voyages: les provinces du Caucase, l'Empire du Brésil*. Paris: G.-A. Dentu, 1846.

Théodoridès, Jean. "Notes sur Victor Jacquemont". *Revue d'Histoire des Sciences et de leurs Applications*, t. 14, n.º 1, 1961.

NOTAS

JACQUES ARAGO (1817) (P. 8-77)

1 Sobre a invasão de Duguay-Trouin, em 1711, ver Jean Marcel Carvalho França e Sheila Hue, *Piratas no Brasil: as incríveis histórias dos ladrões dos mares que pilharam nosso litoral*; os relatos franceses referentes à invasão, traduzidos para o português, podem ser encontrados em Jean Marcel Carvalho França, *Outras visões do Rio de Janeiro colonial: antologia de textos, 1582-1808*.

2 Dirk van Hogendorp (1761-1822), conde de Hogendorp, foi um político e militar holandês que, depois de passar pela administração colonial das Índias Holandesas (Indonésia), deixou o seu país e serviu como general nas tropas de Napoleão. Impedido de regressar à Holanda ou à França depois da derrota de Bonaparte, o conde acabou seus dias numa propriedade rural nos arredores do Rio de Janeiro.

3 Guillaume Thomas François Raynal (1713-1796), *Histoire philosophique et politique des etablissemens & du commerce des européens dans les deux Indes*. Há uma tradução da parte relativa ao Brasil em Guillaume Thomas François Raynal, *O estabelecimento dos portugueses no Brasil*.

4 Jean-Baptiste-Louis Gresset (1709-77).

5 Philippe Gengembre (1764-1838).

6 A escravidão e sua desumanidade — os horrores do tráfico, as condições abjetas a que eram submetidos os africanos e mesmo a degradação moral que o cativeiro de seres humanos impunha às sociedades que o adotavam — são recorrentes na literatura de viagens

relativa ao Brasil desde pelo menos o último quartel do século XVIII. É verdade que o comércio de africanos e o vasto contingente deles que circulava pelas cidades portuárias brasileiras sempre atraíram a atenção dos visitantes. Todavia, é somente a partir do último quartel do Setecentos, começando pelos visitantes ingleses, que a crítica humanista aos horrores da escravidão ganha importância nas narrativas de viagem. Arago, Douville e Jacquemont, como o leitor poderá perceber ao longo da leitura de seus relatos, pertencem a um tempo em que isso está já bastante consolidado no senso comum europeu; descrever com cores vivas os flagelos da escravidão e condenar com veemência a sua prática é, então, praticamente uma obrigação para toda e qualquer narrativa de viagem que trate do Brasil.

7 William Carr Beresford (1768-1854).

8 Auguste Henri Victor Grandjean de Montigny (1776-1850).

JEAN-BAPTISTE DOUVILLE (1827) (P. 78-109)

1 Douville desposou sua sócia, Mademoiselle Laboissière, em 9 de agosto de 1827, na cidade de Buenos Aires, pouco antes de desembarcar no Rio de Janeiro.

2 Jean-Baptiste Douville, *Voyage au Congo et dans l'intérieur de l'Afrique équinoxiale: fait dans les années 1828, 1829 et 1830.*

VICTOR JACQUEMONT (1828) (P. 110-27)

1 *La Zélée*, coincidentemente, enfrentou um poderoso ciclone na ilha

Reunião e, por pouco, não se viu reduzida a pau de canela, como a maioria das embarcações que se encontravam no porto naquela ocasião.

2 Henri-Benjamin Constant de Rebecque (1767-1830).

POSFÁCIO (P. 129-65)

1 *Novo e completo indice chronologico da historia do Brasil*, p. 176.

2 *Correio Mercantil*, 28 nov. 1854.

3 Outras perspectivas da viagem de circum-navegação da *Uranie* foram legadas pelo casal Freycinet: M. Louis de Freycinet, *Voyage autour du monde... exécuté sur les corvettes de S. M. "l'Uranie" et "la Physicienne" pendant les années 1817, 1818, 1819 et 1820*, e Rose de Freycinet, *Journal du voyage autor du monde: à bord de l'Uranie, 1817-1820*; a versão em português da narrativa de Rose encontra-se em *Mulheres viajantes no Brasil (1764-1820): Jemima Kindersley, Elizabeth Macquarie, Rose Freycinet*. Org., apresent. e trad. de Jean M. C. França. Rio de Janeiro: José Olympio, 2008.

4 Jacques Arago, *Promenade autor du monde, pendant les années 1817, 1818, 1819 et 1820, sur les corvettes du Roi L'Uranie et la physicienne, commandées par M. Freycinet*.

5 Jacques Arago, *Voyage autor du monde...*

6 Jacques Arago, *Voyage autor du monde*, p. 3.

7 Ibidem, p. 28.

8 Ibidem, p. 35.

9 *Jornal do Commercio*, sexta-feira, 18 out. 1850, p. 2.

10 Jacques Arago, *L'Éclat de rire: drame en trois actes*.

11 *Correio Mercantil*, 22 out. 1850, p. 2.

12 "O autor e o actor no theatro de S. Januario", *O Liberal*. Periodico politico e litterario. Rio de Janeiro, 23 out. 1850, v. 3, p. 2.

13 *Illustração Brasileira*, Rio de Janeiro, maio 1854, v. 1, n.º 4, p. 92.

14 *A Rosa Brasileira*, 20 fev. 1853, p. 3.

15 Jean-Baptiste Douville, *30 Mois de ma vie: quinze mois avant et quinze mois après mon Voyage au Congo, ou ma justification des infamies débitées contre moi; suivie de détails nouveaux et curieux sur les mœurs et les usages des habitants du Brésil et de Buenos-Aires, et d'une description de la colonie Patagonie*, p. 21.

16 Anne Stamm, "Jean-Baptiste Douville: voyage au Congo, 1827-1830", *Cahiers d'Études Africaines*, Paris, CNRS, n.º 37, 1970, p. 8.

17 Jean-Baptiste Douville, *30 Mois de ma vie*, p. 22.

18 Jean-Baptiste Douville, *Voyage au Congo et dans l'intérieur de l'Afrique équinoxiale*.

19 Jean-Baptiste Douville, *Notes du voyage fait chez les sauvages du Brésil: Mongoyos, Patachos, Cutachos, Kerequimu, Gadios, et Macachum dans les années 1833, 34 et 35*.

20 George Gardner, *Travels in the Interior of Brazil: principally through the Northern Provinces and the Gold and Diamond Districts, during the Years 1836-1841*, p. 429-30.

21 Jean-Baptiste Douville, *Notes du voyage fait chez les sauvages du Brésil*.

22 Dr. J. Sigaud, "Viagem pelos sertões da Bahia ou observações sobre os Indios, Entachos, Mongoyos, Patachos, Gadios e Machaculis durante os annos de 1833, 1834 e 1835, por J. B. Douville", *Guanabara*, Rio de Janeiro, 1838, p. 223.

23 Jean Théodoridès, "Notes sur Victor Jacquemont", *Revue d'Histoire des Sciences et de leurs Applications*, t. 14, n.° 1, 1961, p. 28.

24 *Correspondance de Victor Jacquemont avec sa famille et plusieurs de ses amis, pendant son Voyage dans l'Inde* (1828-1832).

25 Jean Théodoridès, "Notes sur Victor Jacquemont", *Revue d'Histoire des Sciences et de leurs Applications*, t. 14, n.° 1, 1961, p. 30.

26 O título original da obra não inclui o Brasil, acrescentado pelo resenhista.

27 "Correspondencia de V. Jacquemont durante sua viagem ao Brazil e ás Indias", *Revista Nacional e Estrangeira*, Rio de Janeiro, 1839, t. 1, p. 212.

28 Ibidem, p. 214.

29 Ibidem, p. 214.

30 Ibidem, p. 214.

31 Ibidem, p. 215.

32 Ibidem, p. 217.

33 *O Monitor*, 31 jul. 1839, p. 3.

34 *A Liga Americana*, 1840, p. 4.

35 Ibidem.

36 Louis de Chavagnes, "Brésil en 1844", *Revue des Deux Mondes, Paris: Au Bureau de la Revue des Deux Mondes, t. 7, ano 14, 1844; Le Comte de Suzannet, Souvenirs de voyages: les provinces du Caucase, l'Empire du Brésil.*

37 *Jornal do Commercio*, 17 ago. 1839, p. 1.

CRÉDITOS DAS ILUSTRAÇÕES

p. 9: *Vue de Notre-Dame De bon Voyage* (*Rade de Rio de Janeiro*), de Jacques Arago (desenhista) e Jean Desaulx (gravador). Gravura em metal aquarelada, 29,9 × 44,5 cm, 1825. Coleção Brasiliana Itaú

p. 79: página inicial do manuscrito *Voyage chez les sauvages du Brésil, les Cutachos, les Mongoyos, les Patachos, les Kerequimu, les Gadios et les Machacalis, fait pendant les années 1833, 1834 et 1835 par J.-B. Douville*, de Jean-Baptiste Douville. Bibliothèque Sainte-Geneviève, Ms. 3507

p. 111: gravura de Hesse, 18--?. Bibliothèque nationale de France, Département Société de Géographie, SG PORTRAIT-10013

p. 131: autor desconhecido, s.d. Bibliothèque nationale de France, Département des Estampes et de la photographie, N-2 (Arago, Jacques)

p. 132: *Vue d'une Partie de la Ville et du Grand Aqueduc de Rio de Janeiro*, de Jacques Arago (desenhista) e Réville et Bovine (gravador). Gravura em metal aquarelada, 29 × 40,3 cm, 1825. Coleção Brasiliana Itaú

p. 136-37: *Vue de la salle de spectacle sur la place Do Rocio a Rio de Janeiro*, de Jean Nicolas Lerouge. Gravura, 23,8 × 32 cm, 1822. National Library of Australia

p. 141: *Une vente de nègres*, ilustração de Andrew Best, Leloir, P. Girardet, Lebreton, Morel-Facio, Gérard-Seguin, etc. In: Jacques Arago, *Voyage autour du monde*. Paris: H. Roux, 1880, p. 32. Bibliothèque nationale de France, Département Philosophie, histoire, sciences de l'homme, 4-G-129

Este livro foi composto em Freight text em setembro de 2021.